傷なめクロニクル

光浦 靖子

はじめに

「TV Bros.」は田舎生まれ、田舎育ちの私にとって憧れでした。「an・an」とは一味違うザ・東京でした。テレビ雑誌なのにテレビであまり見ない、テレビにあまり出ようとしない、ミュージシャン、俳優、作家、よくわからない職業の人、いろんな人が連載をしていました。面白くて、ふら～っとしてて、これこそがお洒落なり！と信じました。

2003年夏に私はこのTV Bros.にお悩み相談『脈あり？脈なし？傷なめクラブ』の連載を持つことになりました。うれしかったです。どうよ？すげぇだろ？という気持ちは周りにバレないように、ジップロック3重にして、心の小箱にそっとしまっておきました。連載してる皆さんの足を引っ張らないように、常連読者の皆さんに呆れられないように、肩ガッチガチで書き始めました。それから17年、お世話になっています。

2000年代は、まだまだ日本が豊かだったのか、とてもゆるかったです。「TV Bros.だよ？冗談に決まってんじゃん」がまかり通りました。お悩みもふざけたもの、バカにしてんのか？というもの、本当にどうでもいいものばかりでした。

2015年を越えたあたりから、なんか、新聞に投書してもいいような、マジのお悩みがちょいちょい交じるようになりました。ほかの雑誌に比べたらゆるゆるのブロスでも、いろんなこと、感覚、変わってゆきました。

今回、2013年から2020年に連載されたものを選んで、加筆して載せております。いやいや、この時代まずいっすよ、てなことが多くて。おシモのお悩みも多くて、おシモばっかり読んでたら気持ち悪くなったのでだいぶ捨てました。

どうぞ、楽しんでください。

目次

2013

40歳と23歳の女性バイトがいつも火花を散らしてる

「私は男をわかってる」と思ってる40歳と、「何言ってんの、やっぱ若さとかわいさでしょ」と思ってる23歳の女性バイト2名が、いつも火花を散らして困ってます。職場は僕を入れて3名だけなので仲良くしてもらいたいのですが、やはり女性は世代を超えて仲良くするは難しいのでしょうか？

（かっちゃん・32歳会社員男）

「女＝ねちっこい」は、男側による刷り込みです

女という生き物は、男と違って嫉妬深く、陰で悪口ばっかり言っている、というイメージがあるようですが、そんなことはありません。そういう人はいる。でも男にもいる。いや、私の住む世界では男のほうが多い。そういうイメージを持っているというか、つけたいのは男なんだろうな、と最近、非常に思います。

男性の書いた台本では、必ず女は妬みから始まるケンカを要求されます。ま、それはもう、歌舞伎並みの伝統芸になったので、私は否定もしませんし、なんなら「よっ！　待ってました！」と楽しむことができます。しかし、まだまだ世の中には「ほら、女は……」と本気で思ってしまう人がいるのかと思うと、女という生き物の評判を下げているのかと思うと、本当に申し訳なく思ってしまいます。もう少し生まれるのが早かったら、私は絶対に「女性にも参政権を！」と運動していたと思うので、基本ウーマンリブなので、悔しいですっ!!　基本、顔が似ているのでザブングルの加藤君を思い浮かべていただけたら、うれしいですっ!!

若い女性タレントと年配の女性タレント、または、若い女性タレントとブサイク系タレントが並んでいるだけで「あれ、何か、ピリピリした空気が流れておりますが……」とすぐ言うのが男性アナウンサーです。弱いフリしながらとても中身が〝オス〟な人が本当によく言います。

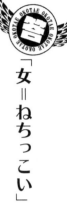

立身出世が夢。ザッツ・オス!!　そういう人が、やっぱり女はそういうもんだと思いたいのか、やっぱり女はそういうもんだと見せたいのか、やっぱりまだまだ芸能界は遅いというか……。早く、薄ピンクのスーツ着て、肌の色よりワントーン白いストッキング履いて、街頭演説しなきゃ!!

というわけで、2人を仲良くさせる方法です。アナタの「どうしよう?　どうしよう?」そういう気遣いをなくすことです。火に油を注いでるだけなんですよ。飲みにいって、アナタが「まあまあ」なんて、飲み屋で聞かれる一番つまらないセリフを吐かなきゃいいのです。やらせればいいのです。酒をつぎ倒せばいいのです。で、ヒートアップしたところでアナタもそのケンカに参戦して「だから女は面倒くさいんだよ」と言えばいいんです。女は縦に掘ってくより横に広がる思考の生き物です。話はすぐスライドし、すぐに2人の敵はアナタになります。共闘です。体育祭です。学園祭です。楽しいです。で、最後は、アナタが泣けばいいんです。母性がぽこりと生まれ、慰められるか、ぶん殴られるかわからないけど、仲良くなりますから。

女は思ったよりサッパリです。みんなあのお母さんという生き物になれるのだから。

2013

女風呂にいる小学生男児について

温泉施設に行ったら、女湯に小学生男児がいて非常に嫌でした。私は地元が田舎だったので、小6まで身体測定は男性教師が同室でした。そのせいか今でも男性恐怖症なのかもしれません。女湯にいる男の子と、それを平気でいるお母さんが嫌な私は異常でしょうか？　下ネタとかは平気なのに不思議です。

（すみれ・34歳パート女）

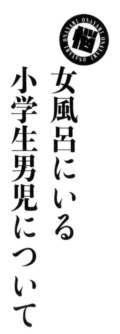

言いよどんだり、ニヤけたやつは、女風呂出禁です

小学生男児かあ……同感です。私もね、番台でテストしたほうがいいと思うんですよ。「子どもはどうしたらできるの?」って。「え⁉　え～……」と言いよどんだり、なんかニヤニヤしたやつは、もう女風呂は出禁ですね。ＳＥＸということをきちんと理解してなくても、なんらいやらしいこととわかっている子どもは、もう、異性を異性として見始めてますからね。

先日、石垣島に行ったとき、子どもと仲良くなりました。友人とお昼を食べてたカフェに家族で来てたんですね。お兄ちゃん（４歳）と弟（２歳）が。ザッツ沖縄の子どもです。ハーフとみまごうかの目のクリクリっぷり、まつ毛のバッサバサぶり。私が窓際の席に座っていたんですが、２人がちょろちょろ窓の外を見にくるんですよ。私のすぐ横に立って。４度目くらいかな、あまりのかわいさに弟を捕まえてしまったんです。ええ、犯罪者になってもしょうがないです。でも、我慢できなかったんです。「捕まえた～」と。しかし、私が抱きあげたら、弟、きゃっきゃ喜ぶんですよ！　で、お兄ちゃんも「なんで～？」と近づいてくるんですよ！　すぐ友達になりました。親御さんと話をしたら、夜、同じライブを観にいくと言うじゃないですか。「じゃ、会場で会おう」と約束して別れたんですね。したら、アナタ、夜、会場に行くと「みちゅらさ～ん」て本当に私を待ってるじゃないですか！　場所取りまでして。

あ、そこは地元の小さな公民館で、靴を脱いで、地べたに座って観るライブなんですよ。地元のじいさん、ばあさん、子ども、すんげぇアットホームな、目から鱗が落ちるような、ハッピーなライブなんですね。青年団がビールを売って、婦人会がたこ焼き売って、みたいな。で、お兄ちゃんのほうがもう、恋人のように私をエスコートしてくれて、ビールにも付き合ってくれるわ、トイレも一緒だわ。

女子トイレはひとつしかありませんでした。人がいっぱいだから、なかなか水も溜まらず、前の人のが流れてなかったんです。でも、お兄ちゃんが「もれちゃう」って言うから、流さずそこに立ちションさせたんです。したら、なんつったと思います？「オシッコがまざったねぇ。キイロがキレイになったねぇ」て。なんて島んちゅ発言！マングローブですよ。海水と淡水の交わる奇跡の森、マングローブを思い出したんですよ。きっと。キレイな海がキレイな心を育てるのです。涙が出ました。ビールで膀胱ぱんぱんの私が「次、光浦さんの番だからちょっと外で待ってて」と言うと「やだ」と言うじゃないですか。私は言いました。「そこまでの関係じゃないから」。そこはちゃんと線を引きました。

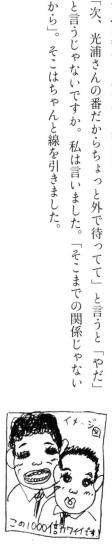

2013

娘がアイドルになりたいと言い出した

中学生になって、娘が「アイドルになりたい」と言うようになりました。かわいい子ではあるのですが、そんな厳しい世界でやっていけるのか不安です。高校も芸能活動できるところに進みたいと言って聞きません。もし光浦さんに娘さんがいて、そう言い出したら何と言ってあげるでしょうか？

（ニャース・40歳主婦女）

アイドル目指すなら透明感。〝頑張り感〟ではありません

私だったらですねぇ……お金に余裕があるのならば、ま、行きたい高校に行かせますかねぇ。やってダメだったら、次にやりたいこと、できること、自分から探すんじゃないですか？　成功したら万々歳、挫折も早いうちがいい勉強になるし、やり直しききますからね。

ただ、アナタのお悩みを読むと、どうやら普通の高校に行かせたいような気がします。普通の高校に行かせるにはですねぇ……。

アイドルがこれだけいっぱいいて、なりたい子はもっといっぱいいて、そこで頭ひとつ飛び出すのは本当に大変だと思います。皆さん頑張り屋さんです。皆さんいい子です。大人に好かれます。でもね、やっぱり一部の大人はまだ「透明感」が大好きです。「透明感」ってなんぞや？と思ったのですが、無自覚であることだと思うんです。自分の美しさ、かわいさに、そして才能に気づいてないこと。それが重要だと思うんですね。そのあたりを突いたらいかがでしょう？

「あのね、アイドルになるには『透明感』が大切なの。だから、自分のかわいさに気づいちゃダメなの。『私、かわいいでしょ？』なんて空気出したらダメなのね。『私なんて、地味なつまんない女の子です』ってやってると、なんとかしたいって大人が自ずと現れるの。なんでもやります、バラエティも、なんなら水着も、なんならちょい脱いでも、てやってると『頑張り

感』が出ちゃうの。『頑張り感』はキレイな色をしてると思うけど、けして『透明』ではないの。そして『頑張り感』は一歩間違うと『ガッツいてる感』になっちゃうの。『ガッツいてる感』を嫌う大人は芸能界にはいっぱいいるの。特に年配の男性は保守的だからね。男はね、デコったネイルは嫌いなの。うっすらピンクの、そう、桜貝のような爪がやっぱり好きなの。アイラインとつけまつ毛は好きじゃないの。すっぴん風のメイクが好きなの。香水は嫌いなの。うっすら香るヘアコロンシャンプーの香りが好きなの。わかった？　だから、普通の高校に行きなさい」

　これでなんとかなると思います。で、普通の高校に入ったら、ちょっと変わったクラブ活動をするといいと思います。やっぱり「マイペース、人見知り、変わった趣味」は今売れてる女優さんたちに共通することですからね。男の人、特に業界の人たちがなんとかしたいと思うか弱さと、ツッコむ隙を与えることが大事だと思います。

　ある事務所のマネージャーさんに聞いたのですが、地元の学校でかわいいと有名な子、日本津々浦々チェックしにいってるみたいですよ。光る玉はどこにいても見つかるらしいですよ。

2013

どこにどんなタトゥーを入れるのがいい？

光浦さんはじめまして。私は19歳の学生女です。近々タトゥーを入れたいと思うんですが、どこにどんなタトゥーを入れたらいいのか、光浦さんのご意見を聞けたらと思ってメールしました。なんとなくアイデアはあるんですが、なかなか踏み出せなくて……。どうぞよろしくお願いします☆

（だだんがだん・19歳学生女）

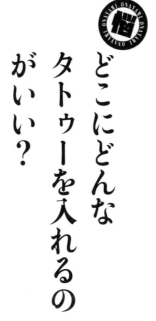

私はお尻にミツバチのタトゥーを入れようと思ってました

私はタトゥーは賛成派です。20代のころ、ギターを弾ける男性をすぐ好きになってしまってたように、チラッとタトゥーが見えたりすると「あら、この人やんちゃ」と惚れる傾向にはあります。ただ、時代とともにオシャレ感覚は変わっていきますからね。普遍的にオシャレな構図があるならそれにしなさい。多分、そんな難しいもの思いつきもしないでしょうから、将来への保険ということで、見えないところにしましょう。

私も考えたことがあります。お尻にミツバチのタトゥーを入れようかと。実寸大の、リアルなやつね。よくない？

パンツを下ろす関係の男性しか見られないんですよ。で、ミツバチよ。蜜よ蜜。そう下ネタです。「でもね、そうそうアタシの蜜を簡単に手に入れられると思ったら大間違いよ。アタシには針があるのよ。刺すことができるのよ。それでもよろしくて？　針の痛みを乗り越えてもアタシが欲しいのね。わかったわ。でもね、ミツバチは一刺ししたら死んでしまうの。そう。アタシ、アナタのためなら死んでもいい。一生アナタについてゆく！」という意味を込めてね。どう？　重いでしょ～？

で、実際、タトゥーに詳しい人何人かに聞いてみたの。そしたら、みんなやめろって言うの。

理由は、私の年齢を考えると、尻に張りがなくなるのは時間の問題で、実寸大のミツバチはすぐにハエみたいになる、だそうです。失礼こいちゃうわ。尻にハエって！　え？　待てよ？　逆に面白いじゃないの？　長いこと使用されてなかった感じが出て、こう、生き様とリンクしてて。で、また何人かに聞いてみたのね。そしたら、みんなやめろって言うの。引くわぁ〜だって。「引く」って単語を無敵の言葉と信じてるバカな男なんて、こっちから願い下げよ！　お前になんかに抱かせるかい！

　えー、というわけで、私はまだミツバチのタトゥーは入れてません。一度は怒りますが、もういい大人なので、人様の意見は参考にするからです。アナタはまだまだ子どもなので、人様の意見なんか無視してやっちゃってもいいと思いますよ。ただ、ご存知のとおりプール、温泉入れなくなります。就職するとき、邪魔になることは確かです。タトゥーが見えると落とされる職場は山ほどありますからね。あと、タトゥーを消す治療は、入れるときの何十倍も面倒くさいですよ。随分前に番組でやりました。で、タレントたちが「タトゥー反対！」とすげぇ怒っていました。モチベーションはよくわかりませんでしたが。

　アナタもタレントに怒られたくなかったら、やめなさい。

2014

いったい"色気"って何？

いったい"色気"って何でしょうか？　ここ数年私には彼氏がおらず、まずは色気を身につけることだ、ということになったのですが、それが何なのか、どうしたら身につくのかわかりません。バーのマスターは「色気とは、経験からくるもの」と言っていたのですが、それもピンときません。

（ちゅんちゅん・31歳会社員女）

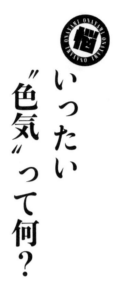

色気は天性のもの でも男をホレさすことならできるでしょう

色気？　生まれたときから決まってるんじゃないですか？　のちのち身につくものじゃないと私は思います。なので諦めたらいいと思います。ただ、広く浅く、男の人をホレさすことはできると思います。悪魔に負けない心を持てば。

最近あった打ち上げでのことです。近くに座ったある女性の行動に私は感心してしまいました。とにかく気を遣うのです。遅れてきた人がいたら、誰より先に動きます。小皿とお箸をすっと出し「飲み物は？」と聞きます。それは先輩にも後輩にも。後輩からしたら「優しい先輩だな」となりますわな。第三者から見ても「いい子だな」になりますわな。

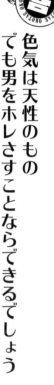

じゃ、お前もやれよ、と思うでしょ？　でも私はやらないんだな。悪魔の私が私に囁くからです。「お前、媚びてんな」と。根性がひねくれまくっている悪魔の私が続けます。「この女、みんなに小皿を渡すなら、一番端に座ってお店の人に小皿多めにもらっといてさっささっさと渡せばいいのに、わざわざ奥の席に座ってわざわざ『すいませ〜ん。小皿一枚くださ〜い♡』と、小皿を一枚ずつ店の人にもらうよな」って。ね、見つけちゃうんですよ。悪魔の私が。

で、とっても遅れてきた人（男）がいたんですね。そしたら、いろんな大皿の食べ残りを菜箸でキレイに小皿にちょっとずつ盛りつけて渡すんですね。一般男性からしたら「いい奥さんになるな」と思うでしょう。でも悪魔の私は私に囁くんですね。「まず、これだけ遅れてきたら、もうごはんを済ませている場合だってあるじゃないか。自由に好きなだけ食べられるように、こちらにある大皿をそっちにずらすだけでいいんじゃないか？」って。

打ち上げなので挨拶があります。だいたいの人が酔っぱらっているので、グダグダになります。ヤジが飛びます。その女性もみんなと同じようにヤジを飛ばすんですが、挨拶の終わりの拍手のとき口パクで「だいじょうぶ、だいじょうぶ」と言い、手まねきし、よしよしと背中をさするのです。男性ばかりに。あのマラソンのゴールのとこにいる選手を毛布でくるむ人みたいなポジションです。悪魔じゃない普通の私が普通に思います。「すげぇな」

で、気を遣い倒せるほどシラフであるのに、お開きのとき、酔ったふうにいろんな男性とハグしていました。トークの内容は一貫して、失敗談と下ネタです。天使の私まで囁きました。「無敵だ～!!」

こういうことを、私のような悪魔が見ていることに気づいていても、やり通せたら、だいたいの男は「気遣いができる、女らしい」と好感を持ちますよ。そして「色っぽい」なんて言い出す男もいるんじゃないでしょうか。

2014

よく「チャラい」と言われるが、それを直したい

どうしたらチャラさって直りますか？　よくチャラいって言われるんですが、自分でどこがどうチャラいのかわからなくて、というかチャラさ自体がよくわからなくて悩んでいます。「若さ」とは違いますよね？彼女も「彼氏がチャラい」と言われるのがすごく嫌みたいなので、なんとかしたいです。

（きんくら・31歳販売男）

戸惑ってはいけません。よりチャラくなりましょう

私が思うに、人は突き抜けたときに愛らしく、時にはカッコよくなります。憧れすら抱きます。それを〝バカ〟と呼ぶのでしょう。〇〇バカってやつ。バカを嫌いな人っていませんよ。「バカだなぁ～」なんて結構ハイクラスの褒め言葉ですよ。私のいつか言われたい言葉です。

アナタは〝チャラい〟という要素を持っているのに、それに戸惑うから、反省するからいけないんじゃないでしょうか？　逆でしょう。アナタは人のことなど気にせず、自分が正しいと思うことを存分に、よりチャラくなればいいのです。チャラバカという引き出しに入りましょうよ。

しかし、よりチャラくなればいいといっても……。何をチャラいというのかな？　適当に並べます。まず自己紹介のとき、下の名前を言う。大した付き合いもない人を「コイツ、すげぇいいやつだから。マジでいいやつだから」と第三者に紹介する。24時間テレビ的なおそろいのTシャツを着なきゃいけないとき、アレンジを加えたがる。キューティクルがない。声が高い。ルールが把握できない。そもそも答えをわからないのに、間違った解答者を笑える。靴が個性的。距離が近い。口の臭いは気にしてる。調味料をすげぇかける。リーダーになりたがる。折り畳み傘を持ったことがない。ジーンズのポッケに手を突っ込む。エレベーターのボタンを常

にチャカチャカチャカチャカチャカ押し続ける。

私はチャラい人と交流がないので、もう思いつきません。ごめんなさい。

とにかく、頑張りましょう。チャラい人のいいところは、人との距離の詰め方がわかってないので、私のような人見知りは助かることもあります。グイグイきてくれるので、初対面でもしゃべりやすかったりします。そして、ハートの強さを前面に出してくれるとこちらも文句を言いやすく、仲良くなれたりします。文句を言われて傷ついたりしてはいけませんよ。傷つくような繊細なハートを持ってるなら、初対面でその距離感はないだろ、となりますからね。チャラいで大切なのは、ハートの強さだと思います。

突き抜けて愛されましょう!!

2014

無痛分娩って どう思う?

再来月に初めて出産します。若干不安です。水中出産や、四つん這いになる方法や、歌いながら出産する方法など、今ではいろんなお産があるみたいです。光浦さんがお産をするとしたらどのやり方がいいですか?　あと、麻酔を使う無痛分娩ってどう思いますか?　やはり愛情的に問題アリですかね。

(コンドママ・31歳主婦女)

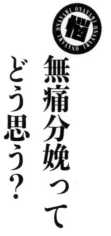

無痛分娩で子どもへの愛情が減ることはないと思います

私は無痛分娩で行こうと思います。お友達がやったんですね。ただ、無痛とはいうものの痛みは感じるわけで、産んだあとは結構痛いらしく、初産で無痛分娩を選んだので比べようもなく、痛みは人それぞれだからなんとも言えん、と言ってました。

私はもう歳だから、体力ないから、番組で調べてもらったら体内年齢が58歳だったから、自然分娩はなかなか無理じゃない？　と思って、よし、無痛分娩にしようと思いました。アメリカなんかでは、結構な人が無痛分娩でしょ？　子どもへの愛情が減るなんてことは絶対にないと思いますよ。だって、あんなにホームパーティーが好きなんですよ。

ある日、飲み屋の常連の親父が私に言ったんですよ。「無痛分娩だと子どもへの愛情が減る」って。なんか腹が立ちましてね。産みもしないやつが、なんの根拠で？　なんで無痛分娩に興味を持ってる私まで否定してくるの？　ケンカになりました。「じゃ、父親は子どもに愛情がないのか？」って私が言ったら、「そうだよ。母親より愛情は持ってないよ」って開き直るんですよ。ちょっとぉ。早い段階で開き直るって、ケンカルール無視じゃねぇ？　「人は死ぬとき、母親を思い出すんだ」と戦争に行った方たちの話まで持ち出したり、「母親と子どもは痛みを介してつながるんだ。だから痛みを感じずに出産した母親は愛情に欠けるんだ」とか、なんかますます腹が立ちましてね。「産みもしねぇやつが、頭でこねくり回したことばっかり言ってんじゃねぇ！」って言って泣いてやりました。ケンカルールを守らないくせにケンカふっかけてきたやつには、泣くに限りますからね。まさか、口ゲンカに負けて泣く大人がいるとは思わないでしょう？「この人は、この場では口に出せなかった過去が、何かとんでもない心の傷があるのでは？そこに無神経に触れてしまったのでは？」と普通の大人は考え始め、軽率だった自分を反省し、態度を改めますからね。

親父もすぐに態度を改めましたよ。「産む前に、やることやんないとな。やっちゃん、どうよ、今晩？」と。ザッツ・飲み屋ジョーク！　私は他のお客様のご迷惑になるような大きな声で「ぎゃ――――!!　気持ち悪――――い!!」と叫んでおきました。ケンカには勝ちました。

私は思うんです。「お腹を痛めて産んだ子」って言葉がよく使われますが、「10カ月一心同体で暮らした子」のほうが説得力あると。〝一心同体〟ですよ。そこには理屈抜きのつながりができると思いますよ。だから、無痛分娩だろうが自然分娩だろうが、愛情に変わりはないと思いますよ。無痛分娩は不自然分娩ではないと思います。

2014

日本人妻の口止めが多すぎる

日本人の妻と結婚した、外国人の男です。日本に住んでいます。私の悩みは、妻の「口止め」です。いつも、妻の家族や、日本人の友人と会うときは、その前に「あれを言ってはダメ」と注意します。しかし、外国人の友人と会うときは、注意しません。なぜと思いますか？

（Michael・34歳英会話教師男）

日本人妻の言うとおり、黙っておくほうがbetterです

日本人ほど気にしぃの民族はいませんからね。言葉の裏読んじゃうから、外国人のアナタには難しいと思います。なので奥さんの言うことを聞いていてください。褒めてもダメ、けなしてもダメ、その間を取らなきゃいけないんです。わからないでしょう？　私だってわからないことばかりですから。

ある日、何度も共演している女性タレントさんがいたんです。本当に、その日は特別にかわいく見えたんです。だから私は言ったんです。「今日はかわいいね」と。そしたらちょっと嫌な顔をするわけですよ。私はバカだから、なんで褒めてるのに嫌な顔をするんだろう？　私の説明が足りなかったのかな？　と思い言葉を足すわけですよ。

「いやいや、本当に、こないだより今日はずっとかわいいよ。今日に比べたら、こないだがブスになるくらいだよ」と噛み砕いて説明したら、すんげぇキレられました。なぜだ？　だって、テレビに出てる時点で彼女は十分かわいいわけで、彼女だってそれを自覚してるから芸能界に入ってきたわけで、かわいいはアベレージであって、それを超えるほど今日はかわいいね、を伝えたかったのに。キレた彼女が言うには「今日はかわいいね」じゃなくて「今日もかわいいね」と言われたかったそうです。そんな、そんな。そんなレベルの話？　じゃ、今日の特別

のかわいさはナシになってしまいますよ。え？ ね、私も日本語とか日本人がよくわかりません。言葉の通じない国に行ったときのほうが笑顔が多いです。この国で生きてゆくのは難しいです。なので外国人のアナタにはもっと難しいと思いますよ。奥さんの言うとおり、黙っていることです。

それでもアナタが口止めは嫌だ、と言うのなら、「外国人だから仕方ないよ、許しちゃう」を利用するべきです。日本人は日本語を話す外国人に非常に甘いです。日本生まれ、日本育ちのタレントも、ハーフだったり外国人っぽい顔をしていたりすると、タメ口を許される傾向にあります。ただ、コツは熱くならないこと。絶対に相手を説得しようとしないこと。話は常に単語で。あれ？ なんかまずいこと言ったかな？ と思ったら、すぐに撤退。なんでもいい、自分から話し出しといてすぐに「あれ？ なんの話でしたっけ？」と言っちゃっていいです。言い間違いとかもいいですね。糸井重里さんの「言いまつがい」を勉強するといいと思います。あと、絶対に上手に日本語を発音しないこと。日本語を上手に発音するとコメンテーター色が出てきて、かわいげがなくなりますからね。

2014

バレバレの嘘ばかりつくクラスメイト

私のクラスメイトに、お母さんの再婚相手がジャニーズ櫻井くんのお父さんで、櫻井くんの妹になったと言ってる子がいます。こないだは櫻井くんと付き合ってると勘違いしたファンに襲われたと言って、包帯をして学校に来てました。なんでこの子は、こんなバレバレな嘘をつくんですか？

（めるヒム・17歳学生女）

その子は、ハッピーなことを考えられる人なんですよ

「なんでこんなバレバレな嘘をつくんですか？」と聞かれましてもねぇ……。注目されたいからかなぁ。いや、それを言っちゃおしめぇですよね。じゃ……。

日本は金持ちな時代からちょっとずつ貧乏に向かっています。でも、しゃーないことだと思います。どっかの国だけがボロ儲けの時代は終わり、地球も次の時代に向かっているのです。すべての国がウィンウィンな理想の時代に。日本にあのバブルのような浮かれた金持ち時代はもう来ることはないでしょう。だから不景気だと嘆くんじゃなく、モノばかり求めるんじゃなく、ハッピーなことを考えられる力を求めるべきなんじゃないでしょうか？ それに彼女は気づいたんじゃないでしょうか？ 頭の中は自由でよい、と。

櫻井くんと義理の兄妹になるんですよ。めちゃめちゃ楽しいじゃないですか。

私は美人でもスタイルがいいわけでもなく、勉強も運動もダメ。自分でもどこに魅力があるのかわからない女の子なのに、なぜか義理のお兄ちゃんはいつも私のことを助けてくれて、「頑張れよ」って頭をぽんぽんてしてくれるんです。頭から手を離したあとの1秒、私を見る目はテレビで見せる目とは違う……でも鈍感な私は「義理兄ちゃん変なの」と思うだけで……。

ある日、お風呂上がりのノーブラにキャミソール、短パンの私と、帰宅した義理兄ちゃんが

バッティングしちゃって、義理兄ちゃんがびっくりした顔で2秒私を見たあと、急に怒った顔するんです。「そんな格好でウロウロするな」て。「だって家だよ。いいじゃん、どんな格好したって」「よくないんだよ！　……オレが」。そう言ってぷいと自分の部屋に入っていくんです。鈍感な私は「義理兄ちゃん、変なの」と思うだけで……。

楽しいじゃないですか！　絶対私のこと好きじゃん。女として意識してんじゃん。私は好きでもなんでもないのにね～。

ある日、付き合ってると勘違いした女に怪我をさせられ、包帯を巻いて学校に行ったら、その怪我の理由をクラスメイトに聞かれ、正直に答えると「嘘つき」と罵られたんです。家に帰ってシクシク泣いていると義理兄ちゃんが「どうしたんだ？」と聞いてきて、黙っていたら「オレのせいか？　そうなんだな」って義理兄ちゃんが泣きそうな顔して、こぶしをぎゅっとして、それがぶるぶる震えてて……。

さ、こっからどうしましょう。どっちにしろ、櫻井お兄ちゃんは私への好意がバレちゃうような行動しますわな。何が起こっても、アナタのお友達の脳内はハッピーに変換されるのです。なんと素敵なことでしょう。同じ時間を過ごすなら、少しでもハッピーなほうがよいでしょう！

アナタも脳内で、松潤と義理の兄妹になってみてはいかがでしょうか？

2014

私は光浦さんにナメられてる？

先日、光浦さんから「今、ヒマ？　電話していい？」とメールがあり、「ヒマじゃない。今、美容院」と答えたのに、電話をかけてきて「ほら出られる。ヒマじゃないですか～！」と鬼の首でも取ったように言われ、爆笑してしまいました。光浦さんにナメられない方法を教えてください。

（清水ミチコ・年齢不詳タレント女）

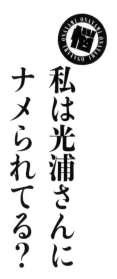

それでも私が電話したのは、これだけの理由があるからです

ナメられてはいませんよ。慕われているのです。みんなアナタとおしゃべりしたいと思っているのです。みんなアナタのことが大好きですから、アナタに迷惑をかけるようなことはしません。本当に忙しければ遠慮します。じゃ、なぜ電話をかけてきたって？　明らかにアナタがヒマだ、というヒントを与えてしまっているからです。

①まず、メールにすぐ返信するところ。本当に忙しければメールを読むことも、ましてや返信することはできません。なのに、すぐに返信できるということは……ヒマじゃねーか、と受け手は思うわけです。

②メールの内容。「ヒマじゃない。今、美容院」。美容院て⁉　美容院はそもそもヒマじゃないと行けません。やっぱヒマじゃねーか、と受け手は思うわけです。メールを打てるということはカット、シャンプーの真っ最中ではないことがわかります。毛が染まるのを待ってる時間か、パーマがかかるのを待ってる時間でしょう。それは、世の中でも上位に入るくらいやることのない時間です。自由に動けるわけでもないし、寝るか雑誌をペラペラめくるくらいしかできません。逆に「電話してくれ」と言ってるのではないか？　と受け手は思うわけです。

③電話にすぐ出る。忙しかったら電話には出ません。無視します。本当に電話をかけてきてほ

しくないなら、出なきゃいいんです。それを出るって……どえらいヒマじゃねーか、と思うわけです。

④「ヒマじゃないですか〜!」と言われたあとの爆笑。笑っちゃダメでしょう。受け手は思うわけですよ。やっぱ電話してほしかったんだ〜、と。

こんな行動をとっておいて「今、電話されたら困りますよ」なんて言われましても、そりゃわかりませんよ。だったら無視しなきゃいけませんよ。つーか、美容院って楽しいですか? 私はできることなら行きたくありません。ずーっと、じーっとしてなきゃいけないからです。本は読めますが、寝っ転がれない、鼻くそをほじれない、お菓子をつまめない、椅子にきちんと座ったガチの読書しかできません。結構疲れます。皆さん非常によくしてくれるのですが、よくしてくれすぎです。咳をしたら「大丈夫ですか!!」とすぐ反応され、耳をほじくれば「かゆいですか? 何か入ってしまいましたか!?」と反応され、渡してくれた膝掛けをよけたら「暑かったですか? 申し訳ありません」と謝られます。おおごとになることが嫌なので、なるたけ動かないようにしています。結構疲れます。ので、私的には電話のひとつでもかかってきたら気晴らしになってうれしいです。

なんで電話しちゃダメなの?

2014

今度200万くれるという妻子持ち男ってあり？

妻子持ちの40代男性に、10月になったら200万円あげるから付き合おうと言われました。そんなに嫌いなタイプじゃないし、ズブズブにならないよう気をつけながらだったらと思って、一応ＯＫをしたんですけど、やっぱり不倫だし、ちょっと不安です。今後どういう展開がありえますか？

（まめでんＱ・22歳キャバ女）

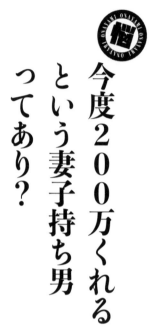

なぜ今、払えないのか？　それを考えてみましょう

お金の話なんかせずに、妻子がいるけどちょっと遊びたい、ならいいと思いますよ。後腐れない感じで。でも、この男はなんか嫌ですわ。初めから200万て数字を提示するって。なんか威張りくさったやつっぽくないすか？　オレは金稼いでんだぞ、お前はこれくらいの金で動くんだろ？　金払ったんだからオレの言うこと聞けよ、そんな声が聞こえてきます。10月になったら払うって、なんか怪しくないすか？　今、8月よ。なんで今くれないの？　今持ってないの？　今自由に動かせるお金がない人が200万？　払えるの？　精一杯感がぷんぷんしてきました。遊びに使える範囲を超えた額を提示しちゃったんじゃないの？　怖いよ。余裕のないお金は執着するよ。元取ろうとして、アナタに変なプレイとか要求してくるんじゃないの？やだやだやだ〜。

ん？　待てよ。いや、そんなゲスい男じゃないかも？　アナタの文章からではわかりませんが、もし男が敬語を使っていたとしたら……。「8月、9月の2カ月間だけ僕と付き合ってください。200万円お支払いします」とか。きゃっ。小説の世界みたい！　なんか素敵！　きっと男はキレイにアイロンのかかったシャツを着ていて、パスタを作るのが上手なはずよ。これといって男前ではないけど、なぜか女から警戒心を持たれないタイプで、男はごくごく普通

のセックスをするんだけど、いつも耳の形を褒めてくれるのよ。で、2カ月経つとあっさり200万置いて消えてしまうのよ。アナタは初めは「儲かった、儲かった」としか思ってなかったのに、なんだか気になって……消えた男を時間に比例して好きになっていくのよ。で、探すのね。気持ちばっかりが先走っちゃったアナタは男に「お金なんかいらないから。絶対迷惑かけないから」ってすがるね。

でも実際付き合ってみたら、全然ロマンチックでもなんでもなく、ただのカッコつけの成金で、そんなカッコつけだから事業に失敗して多額の借金をこさえます。金だけに惹かれ結婚した奥さんは、当然のようにヒステリックになっていきます。そんなとき、アナタという存在がバレ、すべての元凶はアナタだと思い込み、とてつもない憎しみ玉をアナタにぶつけるようになります。変な宗教に入り、もはや、アナタを憎むことが生きる糧となってゆくでしょう。成金は相変わらずカッコばかりつけ、汗水たらすことはせず、アナタにお金をせびるようになるでしょう。ズブズブになります。

以上です。ちなみに、私だったらこの男とは付き合いませーん。

2014

身の置き場のない立食パーティーでの過ごし方

パーティーが苦手です。中でもレセプションとか、ホームパーティーとか、席が決まってないのが苦手です。居場所がなくなってしまい、カピカピになったオードブルをちょっとずつかじって、じっと終わるのを待ちます。私と同じ臭いがする光浦さんは、どうやってパーティーを凌いでますか？

（メメクル・38歳会社員女）

まず私は壁際の椅子を確保し、世話焼きの女性を待ちます

基本、パーティーには参加しません。ワイドショーでよく石田純一さんとか、水原希子さんとか芸能人がなんかのパーティーに呼ばれている画面を見るのですが、ああいう招待状はいったいどこから、いつやってくるのでしょう？　私の家にはまったく届きません。あと、ハリウッド映画のオーディションの情報もまったく届きません。どこのどいつがどういう人選をしているのか、そんな情報もまったく入ってきません。

どうしても参加しなくてはいけない結婚式の二次会など、立食パーティーてのがありますね。立食とはいえ、壁際には必ず椅子が置いてあります。私はまず、その椅子を確保します。絶対立ってはいません。立ってたら疲れるし落ち着かないし、グラスとお皿を持ってフォークで食べるなんて、どう考えても手が足りないから無理です。立食って人間が可能な行動なんでしょうか？

椅子のそばには必ず小さなテーブルがあります。そこで静かに、不安そうな目をしてじっと座っていると、なんか世話焼きの女の人が「何か持ってきましょうか？」と食べ物を持ってきてくれます。私は動きません。じっとしているだけです。女の人はだいたい皿を持って食べ物の列に並ぶことを恥ずかしがります。がっついている、がめつい、と思われるかもしれないか

らです。でもそれが「人のため」という大義名分を得ると、率先して並びます。1枚のお皿に1種類の料理、それを2~3皿、そして多めのフォーク。周りにアピールするのです。「私は自分のために料理を取っているのではないんですよ。みんなのために親切で料理を持っていこうとしているのですよ」と。

だから私は1歩も動きません。持ちつ持たれつの関係だからです。その世話焼きの女の人は、本当は食事を腹いっぱい食べたいのです。私のため、という言い訳を得て実際助かっているのですから。世話焼きの女の人はだいたい元気です。元気な人間はだいたい胃腸が丈夫です。だからごはんをたくさん食べます。だいたい腹が減っています。だからいいんです。

そして、ちんたらちんたら食べてれば随分時間を稼げます。で、お腹いっぱいになったら、目を瞑り、うとうとっとします。で、パーティーは半分終わります。で、トイレ行ってウンコして、お化粧直して、で、戻ってきてまた椅子に不安そうな顔して座っていれば、なんか知ってる人がほろ酔いでやってきたりします。適当に挨拶してればパーティーは終わります。なかなかラクで楽しいですよ。椅子を確保する。それさえすればオールオッケーよ!!

2014

やたらお菓子を配ってくる勤務先のおばさんがうっとうしい

勤務先にいつも「お菓子どうぞ！」と配る女がいます。たまにならいいのですが、ほぼ毎日。ダイエットや血糖値を考えると食べたくないのが本音。先日、丁寧にその旨言うも変わりません。このバカ女、どう言ったらわかってくれるんでしょう？

（やっちゃんとタメ♥・42歳派遣女）

何回かに一回、しょぼいお菓子でお返ししてみては？

彼女はあげることで完結しているので……。黙って受け取っておけば？　食べたふりしとけば？　あげることが好きな女性っていますよ。あげることによって、本人は満足感を得ているのです。人間の最も厄介な欲、「人に認められる」ってやつを、ちょっと手を替えて満たしているのですから。

モノをあげる。しかもそのモノというのは、自分がもらったらうれしいモノであって、かといってお返しは求めないし、実際ない。無償の奉仕です。人間はしょーもない生き物で、常にギブ＆テイクを考えてしまうんですって。じゃ、無償の奉仕、完全なギブには何が返ってくるか？「感謝」が返ってくると思うんですって。人から感謝される、人から認められてるって思うんですって。こんな気持ちのいいことはありません。なんか、脳科学の本で読みましたけど、ボランティアをすると、本当に脳から快楽物質が出るそうですよ。これはボランティアの是非を扱っているのではなく、結果そうなんですって。

ギブ＆テイクの話ですが、なんかのテレビ番組でなるほどぉ〜と思ったことがあります。殺人犯で指名手配されて、長いこと逃亡してた福田和子の話なんですが、逃亡中、彼女に接した人の多くは彼女のことを「気さくでいい人だった」と言っていたんですって。なんでかというと、自分は身を隠している、で、気づかれていない、これでテイクのほうが満たされるんですって。だから自然とギブの部分で、人に優しく接することができたんですって。なるほどぉ〜って思いましたね。気づかれたらマズい、敵を作りたくないからいい人を演じていたんじゃなくて、自然といい人になったんでしょう……と、頭のよさそうな人がコメントしてましたよ。なるほどぉ〜じゃないすか？

話は飛びましたが、というわけで、もしもアナタが同僚の彼女にお菓子配りをやめてほしいなら、彼女がくれたお菓子よりしょぼいお菓子を、何回かに一回お返ししたらいいと思います。感謝というお返しではなく、モノで。したら彼女の中で何かが変わるのではないでしょうか。「あれ？　私、何回もあげてるのに……。しかもしょぼいし……。なんか私、損してない？」と。

でも私は思います。普通にもらっとけばいいのに、と。なんかね、最近思うんですよ。人から世話を焼かれる人のほうが、人間の器がでかいなぁと。人から「ダメなやつ」と思われ、自分も「ダメ」を認め、笑っていられる人になりましょうよ。大人なのに毎日1個お菓子をもらって大喜びする、そんな素敵な人になりましょうよ。

2014

浮気疑惑のある彼氏の携帯を見たら「人として信用できない」と逆ギレされた

彼氏の携帯を見るのってアリですか？　こないだ彼氏の携帯を見たら、知らない女の痕跡が……。問いつめたら浮気を白状したんですが、「携帯を見るほうが人として信用できない！」と逆ギレされました。このモヤモヤした気持ち、光浦さんなら解消してくれるかな、と思ってメールしました。

（ある子・31歳派遣女）

明らかに悪くないアナタが先に謝るといいと思います

どっかのコメンテーターがいいこと言ってましたよ。「夫婦で揉め事があった場合、悪くないほうが謝ると夫婦間はうまくいく」と。そのコメンテーターの夫婦関係がうまくいっているのか、そんなにできた人間なのかはわかりませんが、コメンテーターつーのは、頭はいいです。コメンテーターの言葉を信じましょう。アナタが謝りましょう。

彼は自分が悪いと思ってますよ。だからの逆ギレですよ。アナタのどっか悪いとこを突ついて、なんとかフィフティフィフティに持ってこうと必死です。そんなことアナタもわかるでしょ？　だって、浮気しといて携帯見たことにキレるんですよ。その昔、ノーパンしゃぶしゃぶに来て「肉がまずい！」と文句を言った関西人と同じですよ。な、な、なに言ってんの⁉︎ですよ。

言い返すことはできます。でもね、そんなことしたら売り言葉に買い言葉で、じゃ、別れよう‼︎　になっちゃいますからね。泣かせましょう。彼氏に心から申し訳なかった、と思わせましょう。「携帯見てごめん。いくら恋人でも、それはやっちゃダメだったよね、ごめん」てアナタから言うんです。そんなこと言われたら、普通の人間だったら、いたたたたぁ〜‼︎　って心がなりますよ。傷つけてもうた〜！　てなりますよ。

でもアナタ、ラッキーですよ。携帯見といて。だってね、携帯も見ずに、ただ浮気がバレたときに謝ったら怖いよ。「アナタに浮気させるような、私、きっと、足りないところあったよね。知らず知らず、アナタに甘えすぎてたのかもしれない。ごめんね」なんて言ってごらんなさい。できすぎで怖いよ。スキがねえー。なんだよ、コイツ？　逆に、腹ん中にすんげぇ真っ黒いもの持ってんじゃねぇか？　って、ビビりますよ。男が逃げますよ。

あ、ふと思ったんですけど、コメンテーターて、いいこと言ってるのに、なんか信用できないなぁ……と思うのは、こういうことしちゃう人なんじゃないのかしら？「悪くないほうが謝る」というルールを守りすぎるというか、応用がきかないっつーか。完全に非がない、なさすぎるときに謝る人なんじゃないかなぁ？　だから周りの人間は追い込まれるんじゃないかなぁ？　人の心のダメさとか、もっとあってもいいよね。

男の人が言ってましたよ。浮気がバレたとき、責められたくないんだって。かといって、あっさり許されるのも嫌なんだって。多少怒られたり、キレられたりして、「アナタのことが好きなのにぃ〜!!」という気持ちだけ欲しいんだってさ。都合いいでしょ？

男なんてそんなもんよ（タバコの煙をぷは〜としながら書いております）。

2014

悩 つらい生理の乗り切り方

生理前になるとイライラして八つ当たりしてしまいます。あーこんなこと言うはずじゃなかったとあとで悔やむんですけど、ひと月後にまた繰り返してしまいます。特に男性には理解されなそうだし、あとから生理前だったって言うのも言い訳みたいだし……。うまく乗り切る方法はないでしょうか？

（Ｊａｎｅ・30歳美容部員女）

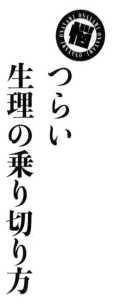

男性は、なかなか理解しようとしてくれない生き物です

悲しいかな、生理前には人に会わないことしかないです。山にこもるしかないです。生理だからといって休暇をもらえる一流の会社に勤めるか、自営業になるしかないです。しかし、一定の周期で「ああ、確かに生理前だ」と証明できれば、結構許されるようになるのでは？　ああ、でも不順になるのも生理だからなぁ……。そりゃ、人は信用しにくいか。ましてや男なんて！

私調べによると、男の人は理解できないことを理解しようとはせず、拒絶しがちです。

以前、あるバラエティ番組で中国ロケをしたときのこと。お弁当がザ・外国なもので、ペロペロのほぼビニールに近いようなお弁当箱に、日本のものに比べたら艶のないパサッたごはんが敷き詰めてあり、その上に、八角の香りのするお肉を煮たもの、八角の香りのする見たことない野菜を煮たものなどがのせてありました。私はおいしそうと思いました。郷に入っては郷に従えで、現地では現地の食べ物が一番おいしいですからね。それをある男性スタッフ、男性演者が「臭い」と言い出しました。すると「そうだ、そうだ」という声があがり、「誰かマック買ってこいよ」となりました。

本当に八角の香りが苦手な人もいたかもしれません。でも多数の人は、八角は日本の家庭の食卓であまり使われない香辛料であって、慣れていないだけであって、知らないから拒絶をし

たわけで、一口でも口に入れろよ！　そう思ったわけです。「知らない」と「まずい」はイコールじゃないです。エスニック料理など、知らない料理に興味を示すのは女性が多いです。男性は同じものが好きな人、多いです。カレー、ラーメン、牛丼、カレー、ラーメン、牛丼、ずっと同じとこぐるぐる回っても飽きない人がいるぐらいですから。妻より母親のみそ汁がうまい生き物ですから。そのロケでマックを食べたのは男性ばかりでした。食べればおいしいのに。

　私の住んでいる世界にも生理休暇というものはありません。どれだけ体がつらくても仕事は休めません。なんなら、水に落ちる仕事も断れません。ひどい、ひどい、ひどい!!　とある番組で水に入る仕事がありました。生理のとき、本当に困ります。一度、生理休暇をくれ、と訴えたことがあります。すると男性スタッフが、非常に困った顔をして「一回、もませてください」とこの問題を持ち帰りました。で、会議がなされました。後日、結果が報告されました。

「予定では紺色の水着を着ることになってるんですけど、赤い水着にする、というのはどうでしょう?」。真面目な顔で言いました。はぁ!?　な、な、な、何言ってんだ!!?　しかし、しかし、本当に真面目な顔で言ってるんです。考えに考えた案だったそうです。男性に生理のことを理解してもらおうとしても無理なんだな、と心の底から思いました。

2014

彼氏はいつも「仕事」を言い訳にする

私の彼氏はいつも「仕事」を言い訳にします。約束のドタキャン、結婚の先延ばし、異性との飲み会、私と撮った写真をFacebookにいっさいあげないこと……などなど。光浦さんから見て、「仕事が忙しい」とか「仕事なんだから仕方ないだろ」と言い訳する男ってどう思いますか？

（きゃっちゃん・31歳会社員女）

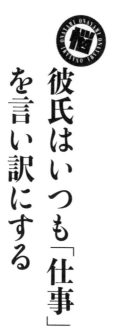

男には勝負時があります　そしてだいたい次の彼女と結婚します

私調べによりますと、男性は、人生で最も長く付き合った、または深く付き合った彼女の、次の彼女と結婚しますね。なのでアナタ、注意しないと。アナタとは結婚の「け」の字も出なかった彼なのに、アナタと別れたあと次の彼女と結婚しますよ。

なんでだろう……考えたんですよ。男には、本当に仕事に打ち込むべき時期があるんじゃないかって。勝負時が。そこで頑張れば、将来への道が開けるときが。

そんな時期は、男は仕事だけしていればいいのです。するべきなのです。必然的に彼女はないがしろになるでしょう。時代は変わったとはいえ、まだ女性より収入が上でありたいと思ってる男性もいますよ。収入が理由で結婚に踏み出せない男性もいますよ。ないがしろにされても今は黙ってりゃいいんです。彼がステップアップしたときに、お返ししてくれるから。それは結婚かもしれない。なのに、Ｆａｃｅｂｏｏｋに私の写真をあげてくれない？　何をほざいておるのですか？

彼が仕事に夢中になり、だんだんと疎遠になり、別れたカップルもいっぱい知っています。もったいない限りです。仕事で自信がつくと、男は変わります。いつの時代の九州男児気取っとんのじゃ！　というくらい女性に威張ってた男が、グンと女性に優しくなったりします。部外者の私たちにすら優しくなったりします。それを〝余裕〟と呼ぶのでしょう。

私は自分が結婚できてないから妬みも込めてる、ということを十分に自覚しながら言います。嫁よりも元カノのほうがいい女だと思いまーす。苦労もいっぱいしてましたー!!　報われてないでーす!!　かわいそうだと思いまーす!!　嫁はお金を持ってからの彼しか知らなくて、どれだけやさぐれててギスギスしてたか知らなくて、なんか初めから豊かな生活をしてて、なんか、こう、ううう……エ、エ、エ、エステに行く金ぐらい自分で稼げぇ!!!


アナタへ。彼でなくても、とにかく結婚したいというなら、今すぐ結婚したいなら、長い恋愛が終わったばかりの男を狙うか、風邪で寝込んでる、または軽い骨折で弱ってる男を狙うこと。もう定番だね。アイスはバニラ、旅行はハワイ、それくらい定番だね。フィジカルで弱ってるとき看病してくれた女と結婚するパターンね。男ってバカだよねー。「本当に困ったときは、連絡してね」とメールした私の謙虚さを評価してほしいわ。彼女でもないのにズケズケ家に乗り込んだほうが「優しい」って。

なんかあったの？　って。なんかあったんだよ。だから、やさぐれてるんだよ。こんなときに書いたものは話半分に読んどいてちょんまげ。

2015

年齢を「アラ」でくくる風習について

もうアラフォーだ、アラフォーだと思っていたら、とっくにアラフィフになっていました。でも「アラフィフ」って言葉はあんまり聞きませんよね。もっとほかにポジティブな呼び方はないでしょうか？　この「アラ」でくくる風習についての光浦さんのご意見をお聞きしたいです。

（サラリーマン春乃・48歳会社員男）

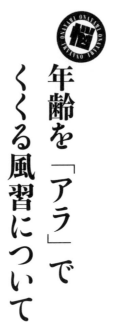

アラフォーって モヤッと自主参加みたいでいい言葉ですよ

まだ歳にこだわりますか？　歳の話、自分から避けていかないと、いちいち気にしてたら老いるよ？　そこまで呼び名が欲しいというなら、じゃ、ざっくりと、人生１００年ということにして、50歳未満を「四捨（ししゃ）」、50歳以上を「五入（ごにゅう）」はいかがでしょう？　なので48のアナタはシシャ！　本社勤めなのにシシャ！　生きてるのにシシャ！　どうよ？

アラフォーとはうまい言葉を編み出したなぁ、と私は感心しましたけどね。30代と40代、女性の体はぎゅんと変わります。基本の疲れ方が違います。たかが風邪がちっとも治らない。傷がちっとも治らない。去年蚊に刺された跡が今年消える。40代になったとき、ひしひしと感じるんですよ。「老いたな」と。30代、40代の間にはそれはそれは深い川が流れています。本人が一番知っています。そこを「はい、30代の方～」「はい、40代の方～」って分けるのは酷だぜ。

そこに出てきた「アラフォー」。40より若い人も、40を越えた人も、なんかモヤッと自主参加みたいないい言葉を編み出したなぁ、と思った次第です。響きもさ、「アラ」なんて、プリンアラモードみたいでかわいらしくないですか？

やっぱ日本は断言しちゃいけない国じゃないですか？　モヤッとさせて逃げ場を作る、こういう言葉じゃないですか？「みたいな感じ」って最後につけとかないと、いつクレーマーに襲われるかわからん時代じゃないですか？ 先日、服屋に行ってパンツを試着したときのこと。店員さんが言うわけですよ。「サイズ感ぴったりですね」と。〝サイズ感〟とはサイズではなく、大きさの雰囲気みたいなもんで、それが「ぴったり」＝「ジャストフィット」ってどういうこと⁇ そのパンツ、丈が微妙でして、くるぶしのちょうど上になるんですね。わざと短くしたデザインでもないし、普通のパンツにしては短いような……。しかも値が張るんですよ。となると慎重になるでしょう？「あの、丈はこれでいいんですか？」と聞くと「丈感はいいと思いますよ」と。「丈感じゃなく、丈の長さはこれでいいんですか？」と聞くと「短めに穿いてもいいし、長めに穿いてもいいし、お客様の好みですから」と。そりゃそうだ。でも私はプロに聞きたいんだ。この丈でいいのか？ と。「この丈で合ってます？」「好きな人は好きですけどね」。あのね、私はプロに大丈夫、これでいいんだと言ってほしいだけなんだ。したら買うんだ。なんで背中を押してくれない。もしや、私に売りたくないのか？「これがベストサイズすよね？」「サイズ感は悪くないと思いますよ」。だからぁ、もういいよ、買う！ お前が売りたくなくても絶対買う!! 是が非でも買いたい!!

新手の商法なのかしらん？

2015

娘さんのヒゲをどう伝えるべきか？

知り合い夫婦に思春期になる娘さんがいるのですが、ヒゲが生えてます。とてもかわいい子なので、直接本人に剃ったほうがいいよと伝えたいところですが、傷つけそうだし、普段はたいして話しもしない知り合いに、いきなり娘さんのヒゲについて言うのも変だし、どうやって伝えたらいいのか悩んでます。

（どぶろく・45歳自営業男）

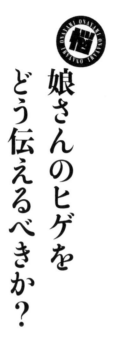

ヒゲ剃ったせいで誘拐でもされたらどうするんですか？

　ヒゲかあ……。私の学生時代も生えてた子いましたね。なぜかかわいい子に多かったような気がします。クリッとした大きな目に、長いまつ毛のね。

　知り合いの娘さんがヒゲを剃ったら、ただのかわいい子になるのでしょう？　私、思うんですが、そのヒゲが防犯グッズのひとつになっているのではないでしょうか。ただのかわいい子になったら、夜道とか危なくなりますよ。誘拐でもされたらどうするんですか。男たちにいやらしい目で見られ、ナンパされたりしたらどうするんですか。悪い男たちが彼女の顔を見て「ぎゃ！　ヒゲ‼」、こう思い、アナタのようにもう頭の中が「ヒゲ、ヒゲ、ヒゲ、ヒゲ……」とヒゲにしか意識が行かなくなることが、彼女の安全を保っているのではないでしょうか。ヒゲを剃らせる？　アナタはその娘さんを危険地帯に放り投げようとしているのですよ。大丈夫ですか？　彼女が十分な大人になり、自分のルックスに責任を持って利用できる年齢になったら、剃ったらいいと思います。

　夜道は本当に怖いですよ。私だって、今でも、人けのない通りは怖いですもん。たま〜にまったく人通りがない道で、なんかヤバそうな人が来たとき、誰かにつけられてる気がしたときは、携帯を出し、番号を1、1と押し、指を0に置いて歩きましたもん。もしぶん殴られても、倒れたはずみに110番につながるように。
ただね、それはガラケーの時代で、今はスマホにしちゃったでしょ。指置いただけでかかっちゃうから、できなくなったんですね。で、今の防犯法は「同棲してる彼氏がちょうど近所のコンビニで買い物を済まし、すぐ近くにいる」という電話をしている小芝居をします。架空の彼氏ですよ。電話なんかどこにもつながってませんよ。なのに携帯を耳にあて、一人でしゃべるのです。「あ、そ。今、角曲がったとこ。あと1分で追いつくね。ゆっくりめに歩くよ。あ、ありがと。卵買ってくれたんだ」。これだけでは相手が男なのか女なのか、ヤバそうなやつに伝わらないので、いちゃつきます。「もー、エロ本立ち読みしてたの？　バカじゃないの？　もー、私じゃダメなの？　うん、うん、わかってる。私も好き」……怖いでしょう？　一人で架空の彼氏としゃべってるんですよ、43歳の女が。この怖さが体から粒子として発散されているのか、東京で一人暮らしをしてはや25年、おかげさまで一度も夜道で怖い思いをしたことがございません。

アナタへ。におい、ルックス、それらを注意するのは難しいです。人のふり見て我がふり直してもらうしかないです。ので、おっさんのアナタが少女のルックスを注意することは不可能です。

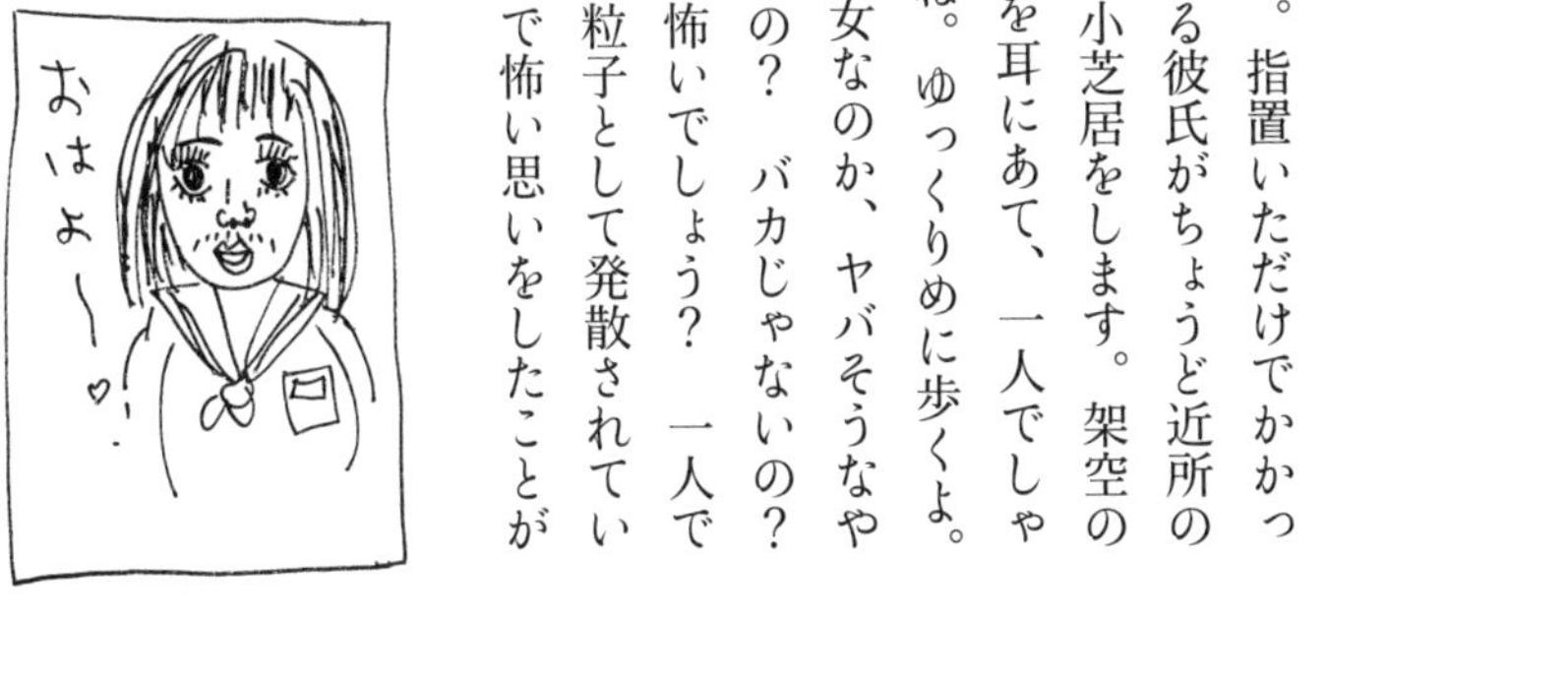

2015

「サブカル」って いったい何？

「サブカルっぽいね」とよく言われるのですが、考えれば考えるほど「サブカル」の意味がわかりません。メジャーを意識したマイナー趣味なら「自意識」ですし、好きなものがたまたまマイナーだったら「オタク」なのではないかと。光浦さんから見て、サブカルって何なのか教えてください。

（にわにわはにわ・27歳派遣男）

私にとってのサブカルとは、「東京」にしかないものでした

サブカル、私も正直よくわかっていませんが、多分、そこに集う人たちのファッションがそこそこオシャレ、それが重要なんじゃないでしょうか。そのファッションは、流行を追いすぎず、肌の露出は少なめで、いわゆるブランド物は持たず、小物は遊び心のあるものを持つ、これでしょう。男だったらカーディガンと手提げ袋、女だったら襟つきのシャツと柄スカートを好み、学生時代、スポーツで一番になったことはなく、リーダーシップを絶対にとらず、洋楽のCDと大きいサイズの漫画が家にある人たちが「面白い」と言うモノがサブカルでしょう。あ、あと、ヴィレッジヴァンガードに対する信頼度が高い。

愛知県は渥美半島に住んでいた私は、東京でしか観られないライブ、映画、手に入れられない本、雑誌、それがサブカルだと、それが最もオシャレなことであると信じ、上京しました。当時はネットがないですからね。何かを観る、手に入れるには、現地に行くしかなかったですからね。ライブに行き倒しました。演劇とお笑いです。田舎では決して観られないものです。

そこに集うお客さんたちは、田舎者の私からしたらオシャレで賢く見えました。自由席だというのに前にある桟敷席には座らず、後ろにある椅子席にまず座ります。有名人を近くで観た

くないの？　上品な人たちだ、と感動すらしました。しかし、理由はすぐにわかりました。当時は消防法もゆるゆるでお客さんは詰め放題、桟敷席など一人50センチ四方の場所も与えられず、前後左右の人と体が触れているという、拷問に近いような状況で観させられることが多々ありました。私も桟敷席から椅子席に変えました。そしていつか「関係者受付」という紙の張ってある机の前で、当日精算でチケットを買える人間になりたいと思いました。

テレビでは放送できないような内容であればあるほどカッコいいと思いました。劇団健康や、大人計画に憧れました。皆さん古着を着ていました。男性はだいたい上はジャージで下はジーンズかパンタロンみたいな微妙なズボンで、頭にはハンチングでした。私は真似をしました。都会に負けたらいかんと、肩にガチガチ力が入っていたので、自分のキャラにやたらこだわる意固地だったので、「中性的」だと信じていたので、男性のような格好をしていました。純粋さが「やっかい」に転んだ口です。

テレビドラマには出ず、映画にしか出ない俳優が出ている映画がいい映画だと信じました。そういう俳優のカメラ目線でない写真ばっかりが載っている雑誌がいい雑誌だと信じました。

そうだ。田舎に住んでる人間が憧れる文化、それがサブカルチャーでしょう。

2015

夫（70歳）の息子（32歳）と恋仲になってしまった

銀座でホステスをしていた時代に知り合ったお客さんと1年前に結婚しました。夫は70歳、私は32歳で、夫の長男は私と同じ32歳。もうお察しだとは思いますが、その長男と恋仲になってしまい、もうこの先どうしたらいいのかまったくわからない状況です。アドバイスをお願いいたします。

（メープルタウン・32歳主婦女）

世間の下品な目に晒してあげるのがいいと思います

ありゃま、本当？　本当に本当にこんな世界あるの？　私がおぼこだからって、からかってるんじゃないでしょうね？　真面目に答えますよ。ブログを書けばいいと思います。

だってさ、70歳の老人が32歳のホステスと結婚するって。もう、親族、同僚、ご近所、みんな「あ〜……。ああ、うん……ねぇ」って反応したでしょうね。そこを乗り越えられる旦那さんは、Mっ気たっぷりな方なんじゃないでしょうか。援助という形でお付き合いをせず、ちゃんと結婚という形をとった責任感の強い真面目な男？　えー？　だったら、こんな歳の離れた女に手を出さないし、息子と浮気しちゃう軽い女を好きになりますか？　恋愛経験の少ない真面目な男だからアナタに騙されちゃった？　それは旦那さんをバカにしすぎですよ。70年近く生きてきてるんですよ。いろんなことわかってますよ。わかったうえで、わざわざ目立つ結婚という形をとるのは、私が思うに、やっぱMなんでしょうね。なんつーのかな、世間の下品な目に晒されることが好きなんじゃないでしょうか。

だから、息子さんとできていることも、興奮材料になるんじゃないですか？　かといってはっきり本人に告白するのはちょっと色気がないと申しますか、なんつーの？　谷崎潤一郎の世界観を出したほうがいいと思うんですよね。息子とできている気がする……でも確証はない……妻の日記を盗み読みしよう、こういう展開に持っていってあげるといいと思います。ブログは「これは架空の話です。ウソ日記。つまり、私のつまらない小説です」としておいて、でも、どう読んでもリアルすぎる、完全に息子とできてるじゃないか、あ、でも、日にちが合わない、こんな場所はこの家にはない、なんてのも織り交ぜて。そのうち、旦那さんがアナタの官能小説の一番のファンとなる。

ああ、なんて湿気の多い恋愛でしょう。ブログ、赤の他人に垂れ流す、これが旦那さんの嗜好にぴったりなんじゃないでしょうか。若い妻に浮気されてる老人、哀れじゃないですか。しかもそれを不特定多数の人が知っている。哀れです。とても素敵だと思います。

旦那さんがご高齢なので、自然の摂理からしたら、旦那さんが先に逝くわけですよね。その後どうしましょう。息子さんと結婚します？　そしたら親族、同僚、ご近所、ザワザワするでしょうね。でも、あの旦那の息子ですもんね。そういう世間の反応に燃える可能性もありますもんね。アナタが選んだ親子です。最後まで付き合うべきだと私は思います。

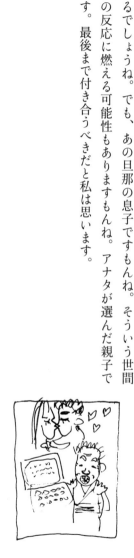

2015

50代同士の共同生活を始めてみようかなと……

まだ20代だったバブル期のころに、同い年の男1人と女2人で共同生活していました。周囲が結婚していく中で、そんな生活が数年続いたのですが、先日、そのメンバーがまだ独身であることが判明し、また一緒に生活しようか？　という話になりました。50代の共同生活、光浦さんどう思われますか？

（ジュリー・51歳自由業女）

ノリがいいバブル世代の楽しい生き方ぜひ見せてください

ぜひとも共同生活してみてください。それがうまくいくものか、うまくいかないものか、実験してください。私の将来の参考にさせてください。

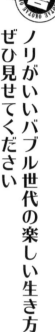

あの時代がよかったのか、若かったからなのか、私も20代のころ、勢いで芸人らしき職業に就いたが仕事はない、将来のプランもない、もちろんお金もない、恋人もいない、でも何も怖くなかったです。友達がちゃんと大学に通い、ちゃんと就職してゆくのに、ダメな自分がとても居心地よくて、へらへらして生きていました。毎日、お腹をすかし、食べ物のことだけを考えていました。周りにはサラ金に借金をしている売れない芸人さんがいっぱいいて、借金をしていないだけ自分はなんてできた人間だと自分を褒めながら、なんか……楽しかったんですね。

男芸人の先輩に、女から貢いでもらったお金で焼き肉を食べさせてもらったり、ギャンブルで当てたお金で焼き肉を食べさせてもらったり、私がもらった給料全部で焼き肉を奢ったり。バブルは弾けていたのに、正直、不景気になったって感じはなくて、「日本やべえぞ」なんて情報は末端の私たちのところには届くことはなく、1日ぽっきりってバイトもまだまだあって、本当に困ったときだけバイトに行って7000円もらって、ビールなんか買ったらすぐなくなっちゃうからと安売りの酒屋に行ってとにかく酔える度数の高いウォッカを買って、で、先輩の家に行って飲み会してました。

周りにダメな人がいっぱいいたから、自分一人じゃないと思ってたから不安がなかったのかなぁ。当時よりお金を稼げるようになれたのに、今のほうが不安です。周りがみんな家庭を持ったからかなぁ。一人だけ独りだから不安なのかなぁ。

バブルを謳歌したノリのいい世代が、家族を作らなかった人たちが、どんだけ楽しく生きられるのか見せてください。最近思うんです。疑似家族っていいんじゃないかな？　と。血がつながってると甘えが入ってくるじゃないですか。踏み込んでくる。傷つける。同化を強要してくる。でも、他人って、どっか線が引かれてるじゃないですか。その線が、遠慮が、私、いいほうに働くと思うんですよ。ごはんを作ってくれることに深く感謝できるじゃないですか。「おかえり」って言われるだけで感謝できるじゃないですか。家族を作らなかった人たちが、家族に求める理想だけを提供しあう関係って、よくないですか？

あ、でも1っこ思った。誰かが誰かを食わせるとなるとダメになるから、収入は同じくらいじゃないと、のちのち、揉めるな。

2015

いい店を見極めるポイントを教えて

お店探しもすっかり「食べログ」に頼りきってしまっている日々です。先日、上司に「自分の目でいい店かどうかを見極める努力をしろ」と注意されました。しかし、どう見極めたらいいのかわかりません。嗅覚が優れていそうな光浦さん、いい店を見極めるポイントをぜひ教えてください。

（タンゴ67・34歳会社員男）

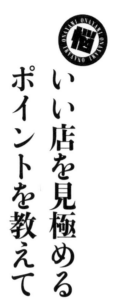

いい店は、おしぼりのタイミングでわかります

いい店……そうねぇ、おしぼりを広げて客に出す店は、そのタイミングでいい悪いがわかりますね。客が座って落ち着いたら、なんの気負いもなく、おしぼりを広げてすっと出す店はとてもいい店ですね。だいたい料理もうまいです。

ダメなのは、まだ座る前からおしぼりを広げて「待ってます感」を存分に突きつけ客を急かし、客が中腰状態でもおしぼりを渡してくる店です。忙しいから、マニュアルだから、はわかります。だったら丸まったまま置いといてくれるだけでいいんです。きっとオーナーが客の気持ちをわかってないんですね。昭和の人間はまだ「上座ってどっち?」などと席を決めるのにもたつくことがあるとか、正直、この男の横に座りたいと思う女が複数人いるがそれをあからさまに出せない関係性であるとか。そういう人間模様を解さないオーナーだから従業員の気持ちなんてわかるわけもなく、従業員たちの愛社精神が薄れ、「やることだけやっときゃいいんでしょ?」な気持ちが、そのおしぼりのタイミングに表れるんでしょうね。

ダメなおしぼり広げ渡しは、「いいです」と言っているのに「あ、お持ちします」と商品の袋を店の出口までのほんの2メートルだけ運ぶ洋服屋とよく似ています。よかれと思ってやってくれてるんでしょうが、「いやいや、いいです」と言ってるこっちの気持ちは無視なんですね。

もともとの「よかれ」はどこへ行ってしまったのでしょう。ただ、ハイブランドの店の黒ずくめの人には、ドアまで荷物を持ってほしいです。人生でそうそうないお姫様気分を味わいたいし、もはや虚構だ、と思えるからです。普通の居酒屋や洋服屋だと、なんか友達に威張ってる感じがして、私は恥ずかしいんです。

ああっ、わかった！　いい店というのは、融通のきく店です！　そうだ。「おしぼり広げなくていーよ」「あ、そーすか？」、それができる店だ。要するに、常連になればいいんですよ。いい店を〝探す〟んじゃなくて、〝作る〟んです。そうだ、そうだ。仲良くなってちゃんと関係性を築けたら、リクエスト出せますもん。味がイマイチなら「もっと塩足して」も「ゆで時間2分早めて、ニンニクもうちょい焦がして、胡椒もう一振りして」も言えるでしょう。どんな店でもいい、とにかく通い続けること。お酒で粗相することなく、ずるずる居座ることをせず、店員さんに威張ることなく、お金と時間をたっぷり使うことです。いい店の見極め方？　楽して見つけようとするのが間違いだ！

「なんでも楽しようとするな！」。上司の方はきっとアナタにこう言いたかったのでしょう。

2015

断捨離での「いる／いらない」の基準とは？

断捨離がどうしてもできなくて悩んでます。というのも、以前思い切って断捨離したところ、あとになって「捨てなければよかった……」というものがたくさん出てきて、軽くトラウマになってしまったんです。自分の判断に自信が持てません。いる／いらないの線引きの極意を教えてください！

（CHACHA・45歳パート女）

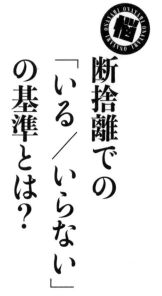

私らが子どもだったころを思い出してみてください

私も捨てられません。「2年寝かした服は、3年目着る」、そう思っています。体型が変わってて似合うようになってたりするんですよね。

アナタも歳が近いから私と同じ考え方だと思うんですよ。もったいない。捨てるってことに罪悪感があるんですよね。昭和の生まれですもんね。昭和40年代っていうと、今ほどモノが溢れてた時代ではなく、「モノを大切に」の教育でしたもんね。

今の子どもたちを見てびっくりしません？　なんとかわいらしいおもちゃ、文房具に囲まれているんだろうと。なんでもある。本当になんでもある。しかも、私たちが子どものころより値段は安く、質はいい。私たちが子どものころ、シールって宝でしたよね？　どこに貼ろうかって悩みに悩んで、でもやっぱもったいないからって大事に取っておきましたよね？　今の子は、シールなんて山ほど持ってて、シールをシール帳にただ移すだけなんですよ。しかもそのシール帳ってのがよくできてて、何度か貼り替えられるんですよね。それってシール？　一発勝負でない。ドキドキ感はないし、数はたくさんあるからひとつひとつに愛情もない。絵本でのちに不幸になる王様の、一番ちょーしこいてたときの心境に近いものがありますよね？

おままごとセットだって事細かにあって、もはやままごとじゃなくて、家事ができるほどの性能ですからね。私たちの時代は、プリンのカップを取っておいて、それを茶碗にしたり、お鍋にしたり、家にしたり、風呂にしたり、乗り物にしたり、なんにでも活用しましたよね。外でのおままごとのときは、雑草をむしって、潰して、草団子を作ったり、いろんな土を調合し、コーヒー牛乳そっくりの泥水を作ったりしませんでした？

なんつーのかな、足りないからこそ、考えたんですよね。足りないからこそ、楽しめたんですよね。だから、すべての用途が事細かに決まってしまっている遊び道具に囲まれた今の子どもたちは、かわいそうじゃありませんか？　工夫をしなくていいから、発想が縮こまるんじゃないか？　モノは足りないくらいがちょうどいいと思いませんか？

はい、注目〜!!　アナタ、モノは足りないくらいがちょうどいいと思ったあ？　じゃ、捨てなさいよ。モノは足りてるを通り越して、余っているんでしょう？　捨てなさいよ。足りないは工夫で乗り越えられる世代なんでしょう？　捨てる、捨てないの線引き？　胸に抱いてときめかなかったら捨てるんだよ。大丈夫。「今の子はいいなぁ」と負けを認めるほど、アナタ、素直じゃないでしょう？　「昔はよかった」って言い張る世代でしょう？　私もそうよ。私ら世代を肯定するために、捨てるわよ!!

あら・2年寝かしたら着れるわ♡
LOVE BEACH
デコルテラインが美しくなる奇跡もあり!

2015

体調不良のうまい切り出し方

　職場で「体調不良」を言い出しにくくて困ってます。なので我慢するんですけど、余計に体調不良になって悪循環です。病院に行ったら診断結果はストレス……。ますます言い出しにくくなってしまいました。光浦さんは体調不良のとき、どうやって周囲に切り出してますか？

（マッツ・31歳販売女）

あとにくる大病より、目先の気まずさのほうが軽い軽い

体調悪いときは素直に表現します。立ち上がるたびに「ああ、つらい」「ああ、もうだめだ」「終わった」とつぶやきますし、咳をするときは、昔ドリフでやってた「ゴホゴホゴホ、すまないねぇ」「なに言ってんだよ。おとっつぁん」てコントのおとっつぁん並みにしますよ。だって私、体が弱いんですもん。年に4～5回は風邪ひいて熱出すし、下痢は週に1回はしますし、虫に刺されたらすぐ化膿しますし、貧血はざらにあるし、あと、偏頭痛、胃痛、歯痛、目痛、耳痛、いろいろ痛くなりますもん。痛いとかつらいって口から吐き出さないと、痛い、つらいの粒子が体の中に溜まってく感じがするんですよね。

大久保さんに比べたら、私は体調不良を100倍は訴えてます。大久保さんから言わせたら、私は大げさなんですって。痛くもねーのに、ぎゃーぎゃー言いすぎなんですって。確かに大久保さんは我慢強いです。88kmマラソンだって時間どおりにきっちり走りすぎたため、ワープ疑惑が起こったくらいです。でもね、私、思うんですよ。やつの場合、我慢できる時点で、我慢できるんじゃねーか、体がマジで強いんじゃねーかって。普通のタレントは、マラソン走った翌日は足が動かなくなり、車椅子に乗ったりするんですって。でも大久保さんは、翌日からスタスタ歩いてたそうです。マラソントレーナーから本気でマラソンに誘われたそうです。

この仕事をやってると不思議なことに、本番中だけ痛みが止まることが多々あります。下痢だって、カメラが回っているときだけぴたっと止まったりするんです。で、休憩に入るとじゃーじゃー出る。「なんでだ?」と賢そうな人に聞いたところ、脳みそは、より刺激的なことを優先するんですってね。仕事でやったプロレスも、本番中だけは痛くないですからね。練習中は泣くよ。素人に投げられる、というか、自分から飛んで、くるっと回って、背中からどーんて落ちるんですから。痛いに決まってるよ。

アナタもさ、痛い、つらいは言わないと。あとにくる大病より、目先の気まずさのほうが軽い軽い。それでも体調不良を言い出せないなら……転職するのはどうでしょう? もっと刺激のある、脳みそが好きそうなやつを。たとえば……う~ん、男性ストリップの店のウェイトレスとかぁ? 手品師のアシスタントとかぁ? ……あ、逆にすげぇ苦手な職に就くとか! ◯◯するぐらいならこっちのほうがマシ、と職を選んでみませんか? その◯◯のほうを選んだら、緊張しまくりすぎて、体調のことなんて忘れるかもよ。

2015

酔っ払いを反省させる方法

酔っ払いを反省させる方法ってないんでしょうか？いっつもワインをこぼされて、私の服やカバンにシミができてガチギレしても「怒られちゃった〜」とか言うし、シラフのときは別人のように魂が抜けちゃってるし、怒りを伝えるタイミングすらありません。縁切るしかないんでしょうか？

（シミちゃん・35歳会社員女）

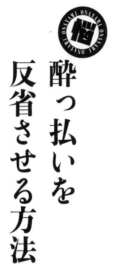

良くも悪くもアナタはナメられてるんですよ

困った酔い方をする友人、私にもいます。そういう人はシラフのとき、いろんな人からクレームを受けているので、自分は酔ったら迷惑をかける人間だと薄々気づいています。

そういう友人には、私は飲む前にハッキリ言います。「嫌な酔い方したら、私、帰るからね」と。で、本当に我慢の限界を超えるような嫌な酔い方をしてきたら、帰ります。だって楽しくないじゃん。絡み酒の人とか最悪じゃん？　失礼でもなんでもないです。だって相手は「ごめん、覚えてない」ですべて許されてきたんだから。本当は許されざることでも、ま、酒の席の話だしな……、そんなに怒るのも……という私たちの優しさにつけ込んできたのですから。

もしも奇跡的に覚えていても「何帰ってんだよ」なんて翌日言えるわけないです。覚えてない戦法に矛盾が生じます。つーか、絶対、覚えてないです。優しくしようが、厳しくしようが、覚えてないんです。困った酔い方をする人たちが「酔った自分は別の人格だ」で通すならば、こちらも「私は別の人格のアナタは大っ嫌いだ」、これでいいと思います。

反省させるのは……正直、無理ですね。その友人とアナタ、いい意味で緊張感がないんですよ。仲がいいんですよ。「この人なら許される」がどっかにあるからそういう飲み方をすると思うんですね。許されない人とは、そこまで酔わないんですよね。緊張してると酔わないから。

だから、仕事がなくなる、この街にいられなくなる、なんて怒らせたらヤバい人の前では、アナタに見せるような大失態はなかなか起こさないんですよ。

私も好きな異性がいると、緊張するのでまったく酔いませんもん。緊張すると、なんか会話がたどたどしくなるじゃないですか。だから盛り上がるわけない。まずは緊張をほぐそうと、お酒を何杯もあおるんですが、全然酔わない。基本、弱いほうです。でも、まったく口が滑らかになることなく、それがセクシャルなアピールにつながるような、だらしなくなることもなく、ただ会話が尽きて、話したくもない芸能ゴシップを持ち出したりして……。

で、息抜きにトイレに立ち上がったとき、目が白黒して「マジでか?」となるんですね。頭はめっちゃハッキリしてるのに、ただ気持ち悪い。頭と心は酔わず、体だけが酔うってやつ。「やべぇ、このままじゃ吐いちゃう」で、二次会には行けない、みたいな。「ただのノリの悪い人」となります。

緊張してると酔わないので、アナタが友人を緊張させる存在になるしかないすね。頑張って、権力を身につけましょう。

2015

赤ちゃんプレイをしてくる40歳の彼氏

今、40歳の彼氏と付き合っているんですが、急に赤ちゃんっぽくなるのに戸惑ってます。いつも「おっぱい〜」と言って吸いつくんですけど、セックスをするわけでもなく、また、服も自分で着ようとしないで「キッキして〜」とせがんできたりするんですが、ちょっとこれって異常ですよね？

（マーガレット・27歳販売女）

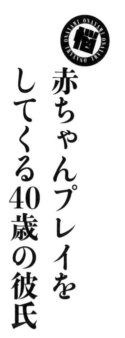

赤ちゃんプレイに「なぜ？」は不要です

そんなに悩むほど異常ではないと思いますよ。アナタだって、赤ちゃんに返りたいとは思わなくとも、子どもに返りたいと思ったりしませんか？　ただ甘えさせてほしい、子ども扱いされたいときありませんか？　私はよくありますよ。家に帰ったら「ちかれたぁ〜。きょうはがんばったねぇ〜」とか独り言言いますよ。子ども言葉ってやつですね。一人だから、誰も聞いてないから、結構なボリュームで口に出しますよ。それがなんだ？　なんですけど、なんか落ち着くというか慰められるというか……。一人だから慰めてくれる人はいないですよ。でも、机とかソファとかティッシュとか、家にあるものみんなが「やっちゃん、えらかったねぇ」と言ってくれてるような気がするんですよ。だから「うん、がんばったよぉ」とか返事もしますよ。結構なボリュームで。会話ですね。

おかしくないですよ。働く一人暮らしの女性は、結構やってるんじゃないでしょうか。森三中の黒沢もよくそんなことやってますよ。楽屋を出るとき、荷物をまとめているとき、財布とかポーチに向かって「かっちゃん、がんばったよぉ〜」とか言ってるのよく見ますよ。黒沢はよく5歳児になりますね。

私は仕事場ではしないですけど……あ、『めちゃイケ』の楽屋ではしてますね。オアシズの楽屋に、いつもヒナ（雛形あきこ）が普通にいるんですね。で、私が独り言を言うと、ヒナが絶妙のタイミングで、別に強要してないのにスッとお母さんの役をしてくれるんです。ありゃ、やっぱ、女優だね。

「つかれたよぉ〜」

「がんばってー。やっちゃんはがんばれる子だよぉ。これ飲みな。元気出るよぉ」と万田酵素をくれたりします。それがねぇ、本当に心地いい。甘えるのは心地いい!!

あ、ここでひとつ注意してほしいのは、私は家では「ちかれたぁ〜」ですけど、楽屋では「つかれたよぉ〜」になってるということです。理性はちゃんと働いている、親しき仲に礼儀を取り入れているということです。

なんかさ、甘えたいんだけど、説明して相手に重く受け取られても面倒で、つーか、説明がまず面倒で、ただのガス抜きに人は子どものフリをするんですよ。甘えたいことに「なぜ？」なんて理由を、そこに言葉を与えたら、それは複雑だから、いろんな嫌なことが芋づる式にどんどんほじくり出され、しまいには見たくもないでっかい真っ黒い芋がごろっと出てきますよ。人間誰しも腹ん中にでっかい真っ黒い芋を抱えていると思うんです。そんなの死ぬまでほじくり出す必要はないと思うんです。彼の赤ちゃんのフリはただの屁です。腹ん中に芋があるんだから屁も出まさぁね。彼の屁を止めないであげて。

2016

大人になっても両親が離婚理由を教えてくれない

両親は私が9歳のときに離婚したのですが、当時、離婚の理由を聞いても「大人になったら教えてあげる」と言われるだけでした。そして、大人になった今も教えてもらえません。当時の私は離婚でとても傷ついたし、知る権利があると思っています。どうしたら教えてもらえるでしょうか？

（おこめ・22歳フリーター女）

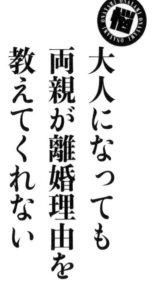

このAB二択で質問してみては？

理由を話してくれないんですもんね。となると……想像できるのは2つですな。

A：理由を聞いたら100パー、アナタが傷つくもの
B：理由が恥ずかしくて口に出したくないもの

二択で質問したらどうでしょう？「AかB、それだけ答えて。そこからは何も聞かないから」。これだったら、答えやすいんじゃないでしょうか。

Aだった場合、もうそれ以上、深追いしちゃダメですよ。理由を想像することもしちゃダメです。気持ち悪いかもしれませんが、実の親が100パー傷つくって言うんだから間違いない。新たに傷つく必要はないです。今の生活を大切にしましょう。

Bだった場合、考えられるのは「性の不一致」ですね。子どもに絶対言いたくないでしょう？性生活について。多分、プレイの嗜好が違ったんでしょうね。アナタが今、一緒に暮らしているのはお父さんですか？お母さんですか？ま、どっちにしろ嫌ですね。どっちかがお尻の穴に非常に興味があって、残ったほうはそれが非常に嫌だった、そんなところではないでしょうか？または、どっちかが人に見られるのが非常に好きで、他方は嫌だった、とか。どっちかは複数で行うのが非常に好きで、他方は嫌だった、とか。うーん、なんか……せめて性に奔放なのはお父さんであってほしいなぁと思ってしまいました。私の個人的な意見ですが。

知らないほうがいいことはいっぱいありますよ。私は小4のころ、たて笛を隠されたことがあります。とても傷つき、先生にチクると、ある男子生徒が私のたて笛を持って謝りにきました。のちに大人になり「男子という生き物は、好きな女子のたて笛をベロベロなめる習性がある」という話を聞きました。で、あるご対面番組で、その男子を呼び「私のことが好きだったのか?」と聞くことになりました。小4以来、クラスが一緒になることもなく、何十年ぶりの対面です。子どものころのまま、ほっそりした体型でした。観覧のお客さん、芸能人の皆さんの前で彼が恥ずかしそうに言いました。「本当に嫌いで、やりました」と。

まったく交流のなかった彼が、わざわざ田舎から出てきて、テレビに出てくれたんです。笑いも十分とれました。帰りに2人で焼き鳥屋に行き、ごちそうしました。子どものころと違い、大人になると楽しく話ができるんですね。「へええ。○○って今、そんなことしてんだ。へええ」「そうなんだよ。で、××のほうは仕事辞めちゃって」「へええ。みんないろいろだねぇ」

……私のこと嫌いだったのかぁ。

2016

離婚したら結婚式のご祝儀を返してほしい

これまで数えきれないくらい結婚式に出てきたのに、そのうち半分以上は離婚して、さらにその半分くらいは再婚式もやって……とご祝儀は搾り取られる一方です。そこで、離婚したらご祝儀を返すというルールにしたら離婚も減るし、全体にとっての幸せが実現できるのではと思うのですが……。

（パンタロン・41歳会社員男）

アナタ自身は、そのご祝儀で何を買ったと思いますか？

よくそういう話されるんですけど、きっと私が「そうだ！　そうだ！」と言いそうなのかなぁ？　私は、離婚したらご祝儀返す、そんな面倒くさいルールはいらん‼　と思います。あとから金返せ、なんて文句言うくらいなら、なんで出席するんですか？　私は遠い関係や、行ったところで知ってる人少なそうだな、と思う結婚式は平気で断りますよ。お祝いしたいやつ、行きたいやつだけ行きます。アナタも欠席すりゃいいじゃないですか。

田舎だからとか、会社だからとか、小さなコミューンだから欠席すると角が立つから欠席できないんですか？　だったら、その小さなコミューンで離婚したり、再婚したりする人を見直したほうがいいです。いやぁ、立派な人たちですよ。結婚式を欠席しただけでなんやかんや言われるんでしょ？　そこで、離婚、再婚するって、アナタにできますか？　そんな勇気ないでしょう？　彼らはどれだけその小さなコミューンに話題を提供していることか。どこの飲み会でも、お茶会でも、アナタみたいな人たちが嬉々として話題にしているでしょうね。お開きムードでもその話題になったら「じゃ、もう1杯だけお代わりしようかな」となるでしょう？　お代わり代だけでもどえらいもんです。その経済効果たるや！

「あのご祝儀泥棒め！」。アナタは払ってばかりで損してるって思ってるから、なんの後ろめたさもなく、なんでも言えるでしょう？　気持ちいいでしょう？　その気持ちよさをご祝儀で買っていると思ってください。ご祝儀をもらったほうは、ことあるごとに「ご祝儀泥棒」なんて言われるんですよ。でも言い返すことはできない。その心のケア代にご祝儀の一部があてられているんです。等価交換です。

今年に入って不倫の芸能ニュースが続きました。そのことに対して私は賛成、反対、どっちでもありません。実際、いろんな飲み屋、カフェで話題にしている人がとても多いことにびっくりこきました。言いたいのは、その話題のおかげでどんだけ経済効果があったか、そこは褒めてもいいんじゃないかな、ということです。ほんと、日本全国で「もう1杯」って言った人、かなりいると思いますよ。

2016

なぜ二宮金次郎はよくて、歩きスマホはダメなのか？

10歳の息子に「なんで二宮金次郎は本を読みながら歩いて銅像になったのに、歩きスマホはダメなの？」と聞かれて困って、「アンタも偉くなれば、歩きスマホしてる銅像になれるよ」と一応答えたのですが、釈然としていない様子だったので後悔しています。何かよい答えはないでしょうか？

（ペルシア饅頭・43歳主婦女）

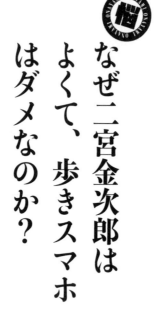

子どもは融通がききません。こう返すしかないでしょう

子どもは思った以上に真っすぐといいますか、冗談が通じません。なので、すごくつまらないですが、「当時は車が走ってなかったし、人も少なかったから、前を見てなくても安全だったからだよ。今の時代だったらすぐに車にはねられるし、肩がぶつかっただけでブチ切れるイライラしすぎた人も多いし、とにかく死と隣り合わせだから、歩きスマホはやめたほうがいいんだよ」。こう答えるしかないでしょう。はい。非常につまらない答えですが、そうするしかないのです。

中学時代の家庭科で「保育園の園児に紙芝居を作る」という授業がありました。私たちのグループは年長さんに桃太郎を作ることになりました。年長さんなので、もう桃太郎にも飽きているだろうと、よかれと思ってアレンジを入れました。鬼はそんなに悪いやつじゃないという設定にし、犬、猿、キジを使えないキャラにし、子どもが大好きなウンコネタも入れました。そしたら先生にすんごく怒られました。「子どもはとても素直なんです。アナタたちの間違った情報を信じ込みます。元あった話と違うぞ、と混乱します。今すぐ全部書き直しなさい!!」と。

中学生のときは家庭科の先生が意地悪で嫌いだったので、これっぽっちも納得はしていませんでしたが、確かに、子どもは混乱するよな、とあとで思いました。自分のことを思い出した

からです。

小さいころから親や本や先生のお話で「困ってる人がいたら助けましょう」と教えられ続けていました。で、ある日公園で「お嬢ちゃん、ちょっと。おじさん困ってるんだぁ」と初老の男性から声をかけられました。私は「助けるのはここぞ!!!」と自信満々でおじさんのほうに近寄っていきました。すると、ちょっと離れたところにいた母親がすっ飛んできて私にビンタをしました。「何してんの!!!　アンタって子は!!!!」と。すんげぇ怒られました。今ならわかりますが、そのおじさんってのが、いわゆる「変なおじさん」だったんですね。

でもね……。幼い子どもに「ちゃんとしたおじさん」と「変なおじさん」の違いってわかりませんよ。だったら、「困ってる人がいたら助けましょう」なんて教えたらいかんですよ。「困ってる人は助けましょう。でもそれは家族とお友達だけに限りましょう」とかね。子どもにとっての家族って、一緒に住んでいる人ってなるのかなぁ？　となると、私がぶっ倒れても甥っ子、姪っ子は助けてくれなくなるのか？　どうしたらいいんだ？

子どもはまったく融通がきかない生き物です。私がそうでした。なので、ちょっと面白い教育をする素敵な親になりたいのはわかりますが、もう少し待ちましょう。

2016

寝つきの悪そうな光浦さん、いい寝方を教えて

寝つきが悪いのが悩みです。携帯のバイブ音など、少しの物音でもすぐに起きてしまいます。それでまた寝つけなくなって、気がついたら出社時間。今日も寝不足です。寝つきが悪そうな光浦さんに質問です。睡眠薬以外で、すぐにコロッと寝られる方法、ご存知ないでしょうか？

（金型12個・34歳会社員男性）

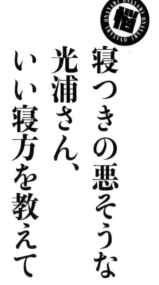

眠る際に、逃避したくなることを考えてみては?

そう、私は寝つきが悪いです。まずはプレッシャーに弱い。この仕事をしていますと、ド深夜まで収録だったのに、翌日は朝5時起きなんてこと多々あります。少しでも眠らなきゃ……そう思った途端に眠れません。5分前に出したはずなのに、なんだか膀胱がパンパンになってる気がしてトイレに立ったり、ベッドの真ん中がひずんでいることが異常に気になって、ああ、体がゆがんでる、ゆがみのせいで腰が痛い、背中が痛い、となって、あっちゃこっちゃ向きを変えたり。寝なきゃいけないと思ったら負けです。

あとは音に敏感です。私は通常は朝の4時あたりに寝ます。そもそも私がひどい夜型になった理由のひとつは、上の階の人が寝静まるまで眠れないからです。ウトウトっとしたときに「ことん」と物音がひとつするだけで、パチッと目が覚めてしまうのです。継続的に鳴っている音、たとえば道路を走る車の音などは平気なのですが、不規則に鳴る音に敏感なんです。上の人の足音、何かを落とした音、ドアを閉めた音、ビー玉を転がす音、いろいろ。あれ、なんですかね? まるでビー玉を床の上で転がすような、ゴツン、ゴロゴロゴロ〜って音。なんで真夜中にそんな音がするんだ。しかも毎夜、毎夜。夜中にビー玉転がして欠陥住宅か調べてるんですかね。このマンションは姉歯建築じゃないから大丈夫だよ。

一人暮らしのか弱い女が身を守るには「物音に敏感である」が重要です。夜道、自分の後ろをつけてくる靴音にいち早く気づけば、逃げられる可能性は大きくなります。泥棒が入ろうと玄関のドアノブに触った音に気づけば、対応策を考える時間ができます。実際そんな目に遭ったことはたったの一度もございませんが、怖がりな私はどんどん耳だけがよくなっていったのです。

私は眠るときは耳栓をして、音を流しながら本を読む、ということをしています。最近は英会話のテープを流します。私は英語が聞き取れません。何十年勉強してもダメです。耳が悪いのです。でもこれからの時代、英語はしゃべれなきゃ。勉強しなきゃ。しかし「○○しなきゃ」と思った途端の拒否が強い。拒否、逃避したい、からのぉ眠くなる。そこを利用しています。

2016

彼女の手料理がまずかったときの最適なリアクション

普段、僕の彼女は料理をまったくしないのですが、そんな彼女が近日中に料理を作る！　と言い出しました。そこで光浦さんにご相談です。料理がまずかったときの、最適なリアクションを教えてください。どういうふうに返したら、彼女はやる気を失わずに料理の腕を向上させていくでしょうか？

（パパイヤ・29歳職業不詳男）

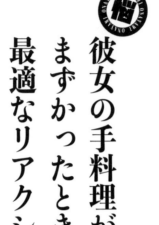

彼女の育てられ方や職場での状況によって変わります

うまかろうがまずかろうが残さず食べるのはマストですよ。で、まずかった場合ですね。これは彼女がどういう家庭環境で育てられたか、職場などでどういう状況に置かれているかによりますね。

まず、親に褒められて育った場合。これは言っちゃっていいと思います。明るいトーンでね。「もうちょっと濃い味が俺好きだわぁ」とか、「もうちょっと塩減らしたほうが俺はいいなぁ」とか。彼女は何をするにも褒められて育ってきたなら、褒められることが当たり前で、褒めたところでなんら響きません。褒め言葉は挨拶程度の価値しかなくなっています。なので、ダメ出しをしてやると喜ぶものです。ただ、ダメ出しに耐性ができていないので、ダメ出しでも薄ーくすること。普通一般のダメ出しをしたらゲロ吐いて部屋にこもっちゃいますから。二度と料理なんてしない、なぜならアナタが私のやる気を削いだから……なんて一生の言い訳、トラウマにされかねません。例文のように言葉の終わりは「好きだわぁ」「好みだわぁ」など、ポジティブな感じにしといてください。

親に否定されて育ってきた場合。「うん、おいしい。おいしいよ」と言って食べ続けてください。まずいものを食べてたら、自然と顔に出るものです。でも絶対に否定、ダメ出しをしないでください。なんなら無理して笑顔で食べてください。否定されて育った人は、褒め言葉を渇望しています。褒められることが死ぬほど好きです。でも自分から「褒めて」なんて絶対に言えません。こんな私が贅沢言ったら……と常に思っています。なので、周りの人の顔、空気をよく読みます。アナタが口には出さなくても、あ、まずいんだ、なんてすぐに気づきます。でも笑顔で食べ続けるアナタを見て、なんて優しい人だ、この人のためにもっと料理うまくなろう、と思うはずです。

最近、職場でうまくいってなさそうだったら……。この場合、疲れ果てて、料理など作ってくれないと思います。なのに、急に料理を作るということは……仕事を辞めて結婚したいと思っていますね。なので、唐突に「結婚しよう」と言えばいいと思います。で、彼女が涙ぐんだら「もうちょっと料理、勉強してくれよ。奥さん」なんて言って頭を小突けばいいと思います。

それ以外の場合は……「まずいっ!!　おかわりっ!!」。これで大丈夫でしょう。

ズズッー!
怒られて育った私ですが
彼のリアクションでほれた
ことありまする

2016

「リカはね〜」と自分の名前で話す職場のおばさん

職場のおばさん（50代）は、いつも「リカはね〜」と一人称を自分の名前で言ううえに、膨れ顔をしてこっちを見てきたりします。バブル全開です。若い社員も皆ドン引きだし、いい加減もうそろそろこの路線はやめたほうがいいと思うのですが、もう無理なんでしょうか……？　ちなみに独身です。

（おたすけマン・48歳会社員男）

彼女は一人で戦ってます。アナタも一人で戦いなさい

だいたいお悩みというのは、相談者に肩入れするものです。相談者が相談者の目線で事を伝えるので、そりゃ当然、アドバンテージがあるわけです。が、アナタのお悩みを読んでも何を悩んでいるのか、そのおばさんの何が悪いのかまったくわかりません。50代で膨れっ面してこっちを見るんですよ。こんな楽しい、面白い、愛らしい生き物がいますか？　私は大好きです。50代で自分のこと「リカはね～」て言うんでしょ？　桃井かおりさんが「桃井はね～」と言うのと近いものを感じませんか？　なんかぶれない生き方をしているという点では同じじゃないですか？

アナタも48歳にもなって、人それぞれ、違いを楽しめませんか？　みーんな同じようにならなきゃダメですか？　そういうこと言ってると、自分が苦しくなりますよ。ちょっとでも人と違うことをできなくなりますよ。自分が許さなかったんだから、自分だって許されなくなりますよ。同調を強いられる昨今、キャラが立ってる人は、私には私たちのために戦ってくれているジャンヌ・ダルクのフォロー・ミーに見えます。

「若い社員も皆ドン引きだし」。この一言が私はとても嫌です。自分の意見を正当化させるために「皆」を使う。よくないです。多数が正しいとは限りません。アナタも自分一人の意見で

戦うべきです。なぜならおばさんは一人で「リカはね〜」って、一人で膨れっ面をして、ずっとずーっと戦い続けているんですよ。

その昔は会社にもバブルなノリの人が大勢いたんでしょうね。でも、時が経ち、一人減り、二人減り、気づいたら一人ぼっちになっていたんです。ガラパゴス諸島のピンタゾウガメのロンサム・ジョージとうっすら重ねてしまいます。失礼極まりないですよね。でもちょっとだけ泣かせて。

おばさんを勇気づけたい。一人じゃないって教えたい。おばさん、私の友人は今年の正月、苗場にスキーに行ってましたよ。真っ白いスキーウェアで。そうです。『私をスキーに連れてって』の原田知世さんに憧れて。ずっとずーっとゲレンデでナンパされることを待っています。私の知り合いの女性スタッフは、いまだミニのタイトスカートに、ハイヒール、頭にサングラスのせて現場に来ますよ。動きにくいったらありゃしない。モタモタして怒られても、でもずっとずーっと続けていますよ。私はその2人の顔を見るだけでいつも元気になります。

2016

風俗嬢とやりとりしてるのが妻にバレてしまった

スマホを修理に出したのですが、忙しかったので妻に取りにいかせたのがあとの祭り。それ以来、口をきいてくれません。多分、データの確認をしてくださいとお店の人に言われ、中身を確認したところ風俗嬢とのやりとりが全部バレてしまったのだろうと思います。どう切り出したらいいでしょうか？

（困男・41歳会社員男）

奥さんに思い切ってこう言ってみてください

お前には黙っていたけど、オレは、本当は、お前をもっと抱きたいんだ。でも、結婚してだいぶ経つのに、「何今さら？　気持ち悪ーい」とお前に拒否られたらどうしよう……と言い出せなかったんだ。若いころなら若さを理由に素直に言えたよ。でも、この歳で……いや、歳をとればとるほどお前を抱きたくなったんだ。

わからない。なんだろう。気持ち悪いと思わないでくれ。お前の体がすこーし丸くなって、見事だった曲線があいまいになって、そう、尻！　太もも！　とあんなにパキッと分かれてたものが、ゆるーく交わるような感じ？　……それがたまらなく愛おしいんだよ。

愛おしい？　いや、もっと熱い感情だな。興奮するんだよ。オレは……世間でいう〝熟女好き〟なのかもしれない。正直に言うよ。体のラインが崩れてきたお前がいいんだよ。なんならもっと崩れてほしい。でも、崩れた体なんて言い方、女性に失礼だろ。お前がオレのためにキレイでいてくれてるのは知ってる。だから、そんなこと言えなくて。

オレも自分が熟女にこんなに興奮するなんて信じられなかったんだ。だから、風俗に行った。ただ若いだけの女と何度か会った。何度かメールのやりとりもした。でも、まったく興奮しないんだよ。〝自分は若い女が好きなんだ〟〝好きなはずだろ？〟〝好きだっただろ？〟、何度も言い聞かせてやることはやったけど、でもやっぱりダメだったんだよ。

だから、今度は熟女系風俗に行ったんだ。でもそこでも興奮しなかったんだ。あれ？　こんなに崩れた肉体美を持ってる女性たちだぞ。なんでだ？　オレはますます混乱したよ。で、わかったんだ。

いつもキレイでいてくれるお前の、ちょっとしたほころびに、オレは興奮するんだって。お前の隠しきれないゆるみに興奮するんだ。お前が前よりもっと好きなんだ（そして抱く）。


いかがでしょう？　これなら風俗嬢と浮気していたこともヌルッと忘れないかなぁ？　今後、奥さんは身なりに構うこともなくなり、太っていっちゃうかもしれません。白髪も染めることもなくなり、ま、いわゆる「歳とったなぁ……」な見た目になるかもしれません。でもそうなったら、倍、倍、倍に抱くしかないですね。だって、アナタが撒いた種なんですから。しょうがないでしょう？　頑張ってください。

2016

バンドマンにいつも中出しされる

バンドマンにいつも中出しされている女です。正直、私のルックスはたいしたことがないので、イケメンとセックスするには中出ししかないと思ってるのですが、次の日のお昼ごろになるといつも急に不安になってピルを飲んでます。周囲からも非難囂々です。私、やっぱり間違ってますか？

（にゃんすけ・24歳会社員女）

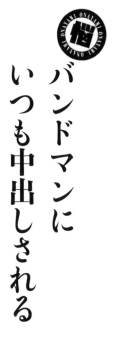

アナタはバンドマンの成長をちゃんと考えてますか？

私の周りにいる数人の男性に、アナタのお悩みを聞かせたうえで「中出しというのは、どんなテクニックよりも気持ちいいのか？」という質問をしました。そしたら、「気持ちがいいのは確かだけど、フィジカルで気持ちがいいのにプラス脳みそが気持ちいいから特別なのかなぁ？」と言う男性がおりました。脳みそ？　ちょっと掘り下げて聞きますと、どうやら「すべてがオレのものになった」気がするのだと。ふーん……。ま、これがすべての男性に当てはまるわきゃないのですが、あたしゃ「すべてを受け入れてくれた」と感じるのかと思ってましたので、なんか、非常にガッカリこきました。自分しか存在してないのか、と。脳みそねぇ。

多分、そのバンドマン、売れてないでしょう？　売れてたらこの時代、結婚する気のない女と「子どもができるかも？」な行為に及びませんからっ！　命取りの時代ですからっ！　売れてないけど、プライド（完全に悪い意味）だけは人一倍高く、チヤホヤしてくれる小さな小さなお山の大将になって、そんな男は売れるわけありません。

でも、アナタは彼が売れたら自分を相手にしてくれなくなるからと、わざとぬるい環境を作り、なんでもYes、Yesで接しているんでしょう？　売れたらきっと美人と付き合って結婚するだろうからと、わざと彼を成長させないようにしているのでしょう？　大海に出ることも、見ることさえしてほしくないんでしょう？　そうなると……どっちが悪いとも言えないですね。「中出し？　結婚する気もないのに？　ひどい！　そんな男、別れちゃいなさいよ！」な問題じゃないですね。「中出し？　結婚する気もないとわかってて？　そんな居心地のいい、ぬるい環境作るのか？　麻薬と一緒じゃないか？　抜けられないのをわかってて。そんな女、別れろ！」ですもんね。逆から見たら。

ブサイクな女がイケメンをオトすのは、確かに難しいです。外見なんてどーでもよい、と思わせるほどの中身を身につけなければいけませんもんね。努力が必要です。イバラの道です。美人だったらどんなに楽か。なんでこんな顔に生んだんだ！　と親を責めていることでしょうね。だったら、少し想像しましょう。欲しくないのにできちゃったと言われる子どもを。

「薄幸そう」と言われないようにするには？

「薄幸そう」と言われるのが悩みです。小柄で色白で声も小さめだからそう言われてるかなと最初は思って気にしてなかったんですが、あまりに言われすぎると、本当に幸福が逃げていきそうで……。一見、幸薄そうだけどそうではなさそうな光浦さん、言われないための秘策を教えてください。

（小豆・42歳会社員女）

薄幸と思われたくないなら、より薄幸度をましましで

薄幸そうな女性が好きだという男性は一定数いますよ。ヤンキーっぽい女の子が好きだという男性くらい。かわいそう、根暗そう、不健康そう、そんな意味ばかりではなく、なんとかしてあげたい、守ってあげたいという、すんげぇ遠回しの告白である場合もありますよ。それでもやっぱ薄幸そうと言われるのが嫌なら、次のことをトライしてみてください。

色白な肌は、しっかりUVカットしてより色白にしてください。小さな声はより小さく。Tシャツのような丸首を着るのはやめ、必ず襟つきのシャツを。髪は染めず、前髪は重めにしてください。人前での食事は一口を小さくし、必要以上によーく噛んでください。温かい飲み物しか飲まないでください。焼き魚に添えてある大根おろしには、醤油をかけないでください。つーか、人前で調味料はかけないでください。

そこまでしといて「私ってすぐ薄幸そうって言われるんですよね。なんでですかねぇ?」と自分から言ってください。いじってくれるの待ちでなく、自分から。あと数秒で相手が「薄幸そう」と言う前に、がっつくんです。相手が「ああ。確かに薄幸そうに見えるかも?」などと言ったら、すかさず「えー、やっぱりですか?」と取って付けたような安いガッカリ顔をしといてください。ここまではできますでしょう? これを繰り返すことです。しつこいと思われ

るくらい。これが簡単にできるようになったら、次のステップ、ガッカリのあとに「おいしい」という顔をつけるようにしてください。「おいしい」という顔は難しいですが、ガッカリを装っているが漏れ出てしまう下品な笑み、それです。そしたら誰もアナタのことを「薄幸そう」とは言わなくなりますよ。

人はキャラの押し売りが大っ嫌いです。「はいはい、わかりました」とすぐなります。そのうち「死んでもいじってやるものか」から、「本当は違う人だよね」などと言い始めます。「逆に明るいよね。キャラでやってるんだもん。強いよね。楽しく生きてるよね」などと、アナタの望む真逆のキャラを押し付けてきますから。

アナタが無理して、日焼けしてヨガやって毎日充実してるぅと叫んだら、より薄幸そう、なんなら不幸に見えます。絶対にやらないでください。得意の「薄幸そう」を煮詰め、濃い味にすることです。過ぎたるは及ばざるがごとし、作戦です。

2016

仕事と称して デートに誘ってくる パワハラ上司

3つ上の上司が仕事の話と言いながら、デートに誘ってくるパワハラをしてきます。お互い独身なので、他の人たちも応援モード。昨年転職したばかりで、仕事上満足しているだけに私も強く断れず、ホワイト企業にこびりついた一点の黒いシミのようになっています。どう消したらいいでしょうか?

（ハーベスト・31歳流通女）

厄介なのは、上司とくっつけようとする同僚たちです

本当に困っているなら上に相談するべきです。が、おおごとにしたくない、それほど切羽詰まってないとお見受けしました。そうなると厄介なのは、上司より応援モードの同僚たちですねぇ。

知り合いと知り合いをくっつける、というイベントは楽しいですからね。基本は人ごとだから責任は軽いし、いいことしてるという自己満に浸れますし。で、くっついたあとは、男側からの愚痴、女側からの愚痴聞いて、裁判官気取りできますし。

アナタが断るしかないんですが、こういうのって、断ったほうが悪者になるんですよね。頭じゃわかってるんですよ。2人の問題だ、外野がガヤることではない、と。でもひとつの楽しいイベントを潰されるわけですから、ま、小さな怒りは生まれますよね。それがイベントに終止符を打った「フッたほう」に向きますよね。

アナタがフッたあと、アナタを抜いたメンバーで残念会が開かれますね。で、盛り上がりますね。結束しますね。当分はアナタが嫌な女として酒の肴になりますね。

ああ、困った。上司には「こういうの、やめてください」。これだけでいいんですよ。そのとき、同僚たちがアナタの味方であればね。こうなると、新しい酒の肴をご用意しないといけませんね。「やっぱり年下が好き」。これでいきましょうか。

断る理由を「年下が好き」にしましょう。上司のパーソナリティをいっさい否定せずに。そうすれば同僚から「なんで?」ときますわな。「実は……」と作り話をでっちあげましょう。高校時代、初めて付き合ったのは1学年下の子。それ以来、なぜか付き合うのはみんな年下。で、以前は年下のバンドマンと付き合ってた。というか、食わせてた。子どもだからわがままで、売れないことに逆ギレばかりで、でも努力せず、パチンコ、競馬で借金をこさえて、それを肩代わりした。何度も若い女を部屋に連れ込まれもした。でも、最後は私しか彼を守る人間はいないんだって、甘えられると許してしまう。そのあとは、年下の劇団員、年下の無職など。「年下のダメな男を食わせて、言いなりになるのが好きなんです。もはや性癖です」と自分をダメに見せましょう。

「一回、年上はどうよ? 上司こそいいじゃん」ときますわな。そこで渾身の「そう思って上司とデートしたんですが、どうしても……体が反応しないんです(そしておいおい泣く)」。アナタをずるい女とは見ませんよ。正直なかわいそうな女と見ますよ。次のお見合い企画は、上司でなく、アナタにスイッチしますよ。続々とくるはずです!

次、上司がアナタをデートに誘ったら、同僚たちが「違うだろ」という空気を出してくれるようになるでしょう。

2017

兵庫県の明石と伊豆大島、転勤するならどっち？

これまでずっと東京在住の48歳独身女です。この度、会社から転勤を命じられそうな雰囲気になってきました。兵庫県の明石なら５年、伊豆大島なら３年の転勤です。大島に行ったら無条件でモテモテだと言われました。光浦さんだったら、そこそこ都会の関西と離島のどちらに転勤しますか？

（やっぱモテか？・48歳会社員女）

私なら断然、島ですね

モテは個人によります。しかしモテを抜いても、断然、島ですね。

私の友達が伊豆大島出身なんです。で、ある夏、帰省していると噂で聞いたので、遊びにいこうとしたんですね。電話すると入れ違いでした。じゃ、しゃーない、諦めようとした私にこう言ってきました。「いやいやいや、ぜひ、実家に泊まってってくださいよ」と。

一人で？　会ったこともないご両親の家に？　考えるとビビるので考える前に、とりあえず、泊まることにしました。

港にはご両親がお迎えにきてくれてました。

おうちに行くと、小学校低学年の女の子がいました。お孫さんでした。夏休み、一人で泊まりにきたそうです。私に非常に興味を持っているのはわかるのですが、話かけてこない、目を合わすとそらす、そんな子でした。その子は三人姉妹の一番上で、姉妹の中で一番、甘え下手なんですと。わかるぅ〜。私には４つ下の妹がいます。歳が下なうえにルックスもよく、性格も明るく、そりゃ周りの大人は当たり前のように妹をかわいがりました。すぐそばで妹が上手に甘えるもんだから、地味な姉は余計に自分の希望を口に出せなくなっていくんですよね。私は親戚んちで「お菓子ちょうだい」と「おかわり」は一度も言ったことがありません。

初めは野良猫に接するように、じっくり、ゆっくり、こちらに敵意はないことを十分に知らせてから、1歩だけ近づくんです。で、1歩近づいても逃げなかったら、3歩近づくんです。〝1歩近づいても逃げない〟は、本人からしたら最大の好意の示し方なんです。でも自分から近づくことは決してできないから、バカのふりしてこちらからの3歩です。同じ傷を持つ者同士、40近い歳の差なんて飛び越え、すぐに仲良しになりました。仲良くなると、ちょいちょい蹴飛ばしてきたり、カンチョーしてきたり、それもよくわかります。最上級の好意の表れです。

おじいちゃん、おばあちゃん、他人、孫、この4人編成はとても心地よかったです。晩ごはんは15品くらい出ました。翌日の朝ごはんも15品くらい出ました。隙あらばおやつを出してくれました。孫の「食べたーい」「もう食べれなーい」に乗っかり、私も好きなものを好きなだけ摂取できました。子どものころ、親戚んちで言えなかった「おかわり」を人んちの実家で言えました。海も山も、島一番オシャレな喫茶店にも連れていってくれました。こんな時間が永遠に続けばいいと思いました。

2017

子どもがアンパンマンに取り憑かれてしまった

　子どもがあまりにもアンパンマンを観たがることに困っています。同じ話を繰り返し繰り返しエンドレスに観たいと言うので、もううんざりです。もうちょっとほかのにも興味を持たせたいと思うのですが、光浦さんだったらどんな作品を子どもに観せますか？　ぜひご意見お聞かせください。

（エンドレスドリーム・34歳主婦女）

すべての子どもに天才の芽はあると思うんです

私なら、そのアンパンマンの同じ話をずーっと観せますね。本人が飽きるまでずーっと。

ほとんどの子どもは一回はアンパンマンにハマるんですよね。なんか、アンパンマンてすべての母音が「あ」だからとか、すべて曲線で描かれてるからとか、「食」という子どもが最も興奮する出来事周りを描いているから……などなど、子どもが必然的にハマるんだ、なんて話を聞いたことがありますが、それはさておき、ほとんどの子どもは一回、アンパンマン通りますでしょう？　その時点で、普通の子なんだと思うんです。天才は、子どものころからすでに何かに興味を示して、自分からあれを見せろ、これをやらせろ、言うと思うんです。テレビで見たことある天才少年は、確か、換気扇の型番を片っ端から暗記してました。キュンキュンきましたよ。憧れましたよ。私もそんな人間に生まれたかったたって。

でもね、すべての子どもに天才の芽はあると思うんです。私ら大人はすぐに飽きるでしょう？たった一回見ただけですべてを知ったような気になる。広く浅く手を出し、で、「なんかこれ、◯◯の作品みたいだよね」などと偉そうなことを言っていい気になる。これが凡人ですよ。ザ・凡人。でもね、子どもはしつこいでしょう？　オタク気質でしょう？　「飽きない」、これこそが天才の芽だと思うんです。いろんなもんを観せる、そんな天才の芽を早々摘むことはないと思うんです。今は、はたから見たら何がいいんだか全然わかんねぇ、てなことにこだわる力を伸ばすべきです。オタク気質の地肩を強くするんです。ほっといてもだいたいが普通の大人＝広く浅く手を出す、になってしまうのですから。

私の姪っ子は本を読むことが好きです。ヤマンバが理不尽に牛飼いを襲い、最後は牛飼いがヤマンバを殺すという、なんとも嫌な話が大好きでそればかり読んでましたが、最近はいろんな本を読むようになりました。「今日ね、テストだったー」「どうだった？」「できたー」「何のテスト？」「わかんなーい」と答えていた姪っ子も今では、自分が何の教科を勉強してるのか理解できるようになりました。着実に普通になっているようで少し悲しいです。寝っ転がり、足を上にピンと伸ばし、その足に本をのっけて読むアクロバティックな読書法をしているので、そこには期待しています。

2017

おばさんとお姉さんの境界線はどこ？

36歳女です。先日、会社の同期の女たち数人と話してるときに、私が「新卒の子から見たら、うちらはもう立派なおばさんなんだから」って言ったら、「36はおばさん」と「まだお姉さん」の真っ二つに意見が割れました。光浦さんがお考えになる、おばさんとお姉さんの境界線ってどこでしょうか？

（ぺぺ美・36歳会社員女）

それは着替え中の男性のリアクションでわかります

男性が決めてくれますよ。女性が着替えてるとき、ドアを開けてしまった男性が「ノックするの忘れてた！」となるのがお姉さんで、「カギかけとけよ！」となるのがおばさんです。着替えを見せればいいと思います。で、「カギかけとけよ」と思った人は、一応言った「すいません」を損したと思っているので、それを取り返すかのように「おばさんの着替え見ちゃったよ」と同僚に話すので、その男性の周りにスパイを送り込んでおけばわかりますよ。同僚に話さなくてもすぐツイッターなどに文句を載せるので、その男性のＳＮＳをチェックすればわかりますよ。おばさんかどうか。リスクは高いですよ。やります？

先日、姪っ子（小学１年）のバレエ教室を観にいきました。

帰り際、妹と２人で先生に挨拶にいくと、先生が私の顔を見て何か言いたそうでした。「あ、あの……」。話しかけたいが話しかけていいものか、あ、でも話したい、そんな感じでした。私も芸能人歴が長いので、そういうのわかります。「こんなむさ苦しいところへようこそ。まさか、初めはわからなかったんですよ。だって、芸能人の方がこんな地べたに座って観てられるなんて。いやぁ、いつもテレビ観てます。あの、写真撮ってもいいですか？」。ま、こんなことを言うのでしょう。私の心の耳には聞こえました。姪っ子の今後もありますから、笑顔を作り「光浦です」と名乗ろうとしたとき、先生が言いました。「あの……○○（妹の名前）さんのお母様ですか？」と。

はい？　妹のお母様？　ということは、おばあちゃん？　私をおばあちゃんと間違えてんの!?　失礼しちゃう!!　いや、姪っ子と並んでておばあちゃんに間違えられたなら、まだわかるよ。私が19で産んだ娘がこれまた19で産んじゃった、ということで成立しますわな。でも、隣にいるのは妹ですよ。４つ下の。４つ下の普通の主婦ですわ。私、タレントですわ。タレントはマイナス５歳は当たり前の、若く見えるで有名な生き物ですよ。はい？　４つ下の妹と並んで、私が母親に見えます？

これを１秒の間に思いました。私の怒りの粒が外に弾け飛んだのをキャッチしたのでしょう。妹が被せるように、大きめの声で言いました。「あぁ――、姉です!!!」と。

女性を呼ぶとき、「おばさん」には悪意があります。でも「おばあちゃん」には悪意がありません。その分、傷は深いです。

2017

いつも寝癖がついててチャック全開の男性

いつも寝癖がついてて、ズボンのチャックが開いている、とある男性のことが気になりだしました。ちょっと天然な部分もありそうで、とてもいい人そうに見えるんですけど、私の友人たちは口を揃えて、いろいろルーズそうだからやめとけと言います。光浦さん的にそういう男性ってどうですか？

（やっしー・32歳会社員女）

アナタ、好きになって〝あげよう〟としてません？

アナタ次第でしょう。アナタがコンプレックスがいーっぱいある人間か、ま、そりゃコンプレックスは人並みにありますよという人間か、で決まりますね。

気になる男性はいつも寝癖があって、いつもズボンのチャックが開いてますか。きっと、一般常識に対して、そんなに興味ないんでしょうね。自分のこだわりってのがしっかりあって、人目を気にしない人なんでしょう。確かに、いろんなことにルーズそうです。でも、いろんなことを見逃してくれそうです。

だから、上級のコンプレックス持ちの人はぜひ、付き合うべきです。そのコンプレックス、ま、たいていがルックス界隈から始まりますよね。二重のシワの入り方がもう少しクッキリしてたら人生が違ってた、小鼻のカーブがもう少しだけ小回りだったら……、このニキビがひとつなかったら……、本人には死活問題かもしれませんが、他人からしたらどーでもいい問題。その問題に問題とすら気づかないのが、彼のような人だと思います。

ニキビがひとつあります。彼女は悩んでいます。こんな顔見せられない、と言います。その彼女に向かって「大丈夫だよ。そんなの全然、気にしないよ」と言うのが普通の人です。でもそこにはなんかちょっと上から目線の、お慈悲くさいものが漂ってて、上級のコンプレックス持ちからすると「許してあげるよ」と言われているように感じ、「じゃあ、やっぱり、ニキビがあることは悪いことなんですね？　罪なんですね？」となりかねません。どう受け取ろうが、問題を問題と気づいた時点で、問題なんですね。

「ニキビ？　あった？」が彼だと思うんです。コンプレックス持ちからすると、とても楽だと思うんです。気づいてすらいない。最高の返しでしょう。コンプレックスなんて他人と比べるからポコポコ生まれてくると思うんです。他人を無視して生きられる彼のような人間が必要だと思うんです。

アナタは……多分、普通の人そうなので、お付き合いはやめたほうがいいと思います。ルーズなことに腹が立つ、で終わってしまいそうです。ズボンのチャックが開いてる、そこに魅力を感じるのでなく、優位に立っちゃってるからなぁ。そんなダメなとこ私は許せますよ、って。私が好きになってあげる感が強いです。「あげる感」。好きになるって、そんなんじゃないじゃん。思い出してよ。あの頃のあたしたちを！

2017

デートでワリカンされることにモヤつく

すごい真面目でしっかりしてて、いい感じの男性がいるんですけど、ただ一点だけ、いつもワリカンってところにモヤついてます。デート中もすごく爽やかにワリカンされるので、そこにいちいち引っかかってる自分がおかしいのか？　とすら思えてきます。これは私のワガママなんでしょうか？

（ＦＫ・34歳会社員女）

これはひょっとしたら危険信号かもしれませんね

なんでワリカンじゃダメなんですか？　彼のほうがたくさん稼いでいるんですか？　彼の都合に合わせてドタキャンを何度も許したうえで食事に行ったのですか？　彼の愚痴をただただ聞いてあげる会だったのですか？　そもそも、彼と付き合ってますか？

男だったら奢れよ、って思ってますか？　アナタ、バブルを謳歌した人ですか？　男が車を出し、食事代を払い、貴金属を買ってあげ、そしたら女はやらせてあげる、なんて物々交換の時代は終わってしまったんですよ。男はみんな女を抱きたいわけじゃないんですよ。最近の男性は繊細で臆病なので、裸になりゃ誰でも食いつくどころか、やめろ――！　って怒られる可能性だって出てきてるんです。その男性は、アナタのような女性に勘違いされるのが怖いから、きっちりワリカンにしてるんじゃないでしょうか。男が食事代を出したからって、服を脱ぎ出されたらたまったもんじゃないって。

彼、欠点がないんでしょう？　それって、まだ心を許してないんじゃないかなぁ。近い、深い関係の人間にこそ、ボロッて見せてしまうじゃないですか。完璧って。鎧ですよ。がっつりフル装備の。気を許したらアナタに食われてしまう、そう思って食事をしてるんじゃないでしょうか。じゃあ断ればいい？　断ってキレられたら、つきまとわれたら怖いから、丁寧に扱ってんじゃないかしら。

人と縁を切るときは、好きという感情も嫌いという感情も持たせちゃダメなんですよ。忘れてもらう、興味を失ってもらう、しかないんですよ。ゆっくり腹の立たない程度のガッカリをコツコツ積んでゆくしか。

「ま、口に出すほどのことでもないけど、もしかしたら私がおかしいのかもしれないけど、なんか……ガッカリだわぁ。なんか、もう、私、好きじゃないかもしれない。ごめんねぇ」と思ってもらうしか、上に立ったような錯覚を相手に抱いてもらうしかないんですね。

おお！　こ、こ、これは!!!　まさに今のアナタ！　ゆっくり彼を嫌いになるように彼に仕向けられてるんじゃないですか？

彼と付き合ってても、付き合ってなくても、これは危険信号ですね。私は思います。彼を失っちゃいけない。だから、ワリカンなんて我慢しなさい。なんなら彼を手放さないように、奢ってあげなさい。奢れる財力を身につけるため、仕事を頑張りなさい。結果、仕事と恋の両立です。

OLの憧れになるのです！

2017

職場でよく泣いてしまう……

職場でよく泣いてしまうのが悩みです。男性社員たちに「また水芸か」とまで言われ、呆れられてるので、悔しくなってまた泣くという連鎖です。泣くだけ損なのはわかっています。どうしたら泣かないようになれるでしょうか？　そして職場で泣く人って光浦さんはどう思われますか？

（水蓮寺きよみ・34歳会社員女）

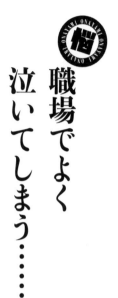

泣きたくないときは、しゃべらずに笑える音を思い出して

私も30代半ばころから、とにかく泣くようになりました。今まで10ポイント貯まると涙が出るところを、7ポイントくらいで出るという感じです。あと、2〜3年に1回、言葉にできない、脳みそがおっつかない感情がわーっとなって、とにかく泣けて泣けてしょうがないときが来るようになりました。私が思うに「切ない」ってやつかなぁ？　だって「切ない」って言葉は知ってるけど、具体的にどんな？　と言われても答えられませんでしょう？　私は32歳のとき、初めて「切ない」を体験したような気がします。そっから涙が出やすくなったような気がします。

私は泣くときは、ちゃんと周りの人にお断りを入れます。「見た目ほどではないですよ。中身は結構しっかりしてます。ババアだと思って流してください。涙だけにね」と。これだけ泣くようになると、ボチボチ『はじめてのおつかい』のゲストに呼ばれてもいいものなのに、まだ呼ばれないです。泣くとアイラインが『時計じかけのオレンジ』みたいになるからかなぁ。子どもには怖いからかなぁ。

で、アナタの悩みはなんでしたっけ？「職場で泣く人ってどう思いますか？」ですね。そうですね……厄介です。泣かれたら仕事しにくいです。

ある俳優さんが、泣きの芝居について言ってましたよ。涙を誘うのは音だって。小田和正さんのラーラーラー聞いたら反射的に涙出ますでしょう？　一青窈さんの高音聞いたら反射的に涙が出ますでしょう？　そういう泣ける音があるのはわかりますでしょう？　で、最も泣けるのは、自分の涙声なんですって。だからその俳優さんは、自分の涙声をまず演技で出すわけですよ。で、その自分の声に自分が誘われて、とめどなく涙が出るんですって。確かにぃ。泣くのを我慢してるとき、声出した途端に涙が止まらなくなった経験ないですか？　しゃべったら泣いちゃうからぁ、ってやつ。自分の涙声に自分が誘われちゃってたんですよ、きっと。

というわけで、泣きたくないときはしゃべらない。そして、逆に、笑える音を利用する、です。私の場合は、ハリウッドザコシショウの誇張したキンタロー。の「ＡＫＢの〜」の「の〜」の音が１００パー笑ってしまう音なので、それを思い出します。なんなら自分でマネします。涙を流しながら「ＡＫＢの〜」とやり続けます。

2017

不倫相手の奥さんとタイマンする際にふさわしい格好とは？

相手の奥さんに不倫がバレてしまい、来週２人で会うことになりました。奥さんはわりと淡々とした口調だったのですが、それが逆に怖いです。まったく読めません。まずは当日、私はどんな服装でどんな格好をしていったらよいのか大変悩んでおります。アドバイスのほどお願いします。

（ネルチンスク・35歳会社員女）

う〜ん、やっぱりケバい服装ですかね

服装は紺かベージュを基調にした抑えめな服、と思いがちですが、きちんとした服をこういう場できちんと選べる女が不倫をするって……逆に腹が立ちますよね。悪いことと知っててやってるでしょ？　しかも巧妙に隠しながら、普段はおとなしそうな被害者のような顔してさ！　と勝手に思っちゃいますからね。これはよくないです。

ケバい服。根っからのセックス好きな感じがして、まだ腹が立ちにくいかも。下品にハイヒールをパコパコしながらタバコなんか吸っちゃったら、ああ、この女、誰とでも寝るのね、この女が誘ったのね、となるかも。誰でもいい感を出せたら強いんですけどね。うちの旦那じゃなきゃいけないわけじゃない、一発シメとけば、なんなら金を渡せば、これで縁切りになってくれるな、と思えるんじゃないかしら。

毛玉のついたセーター、袖口や襟のあたりにお醤油のシミのついたシャツ、シワッシワの膝下丈のスカートなど、だらしなさを醸し出す服。ダメな女だな、と思いますね。ただ、なんでこの女？　とクエスチョンが出ますね。私、何も負けてないんですけど？　と。こんな女に旦那は心を許すの？　私が追い込んでるっていうの？　私は家事だって手を抜いたことないのに？　なんで？　これも腹立ちますね。

原宿系、ゴスロリ系、フリフリ系などの、とにかく強い癖のある服。奥さんは「はい？？？」ってなりますわな。だってアナタ35歳の会社員ですもんね。「こういう場に？　着る？　はい？？？」と。性格的にちょっとなんかあるのかな……ん？　上手に交渉しないとヤバい相手かな？　となりますね。泣きながら「ごめんなさい。私が悪いんですぅ――!!」とボリュームデカめに言われたら、奥さんはビビるかも。でも、浮気しといてビビらせるのはよくないですね。

というわけで、ケバい服が一番ピースフルかな？

ていうか服装の前に、浮気相手が自分より美人かブサイクか、それが問題だと思います。私はもし浮気されるなら、自分より若くてキレイな女がいいです。それだと、ああ、性欲に負けたな、抱きたいだけだな、と思えますから。自分よりブサイクだったほうがショックですよね。中身で負けたと突きつけられるから。もう、人格否定ですよね。傷は深いです。まずはアナタが、その奥さんより若くてキレイだといいんですが……。

2017

スピリチュアル女についてどう思う？

最近、女友達の間で霊媒師に見てもらって、お祓いしてもらうのがブームになっています。私もいろいろ勧められてちょっと困っているんですが、光浦さんはスピリチュアルについてどう考えていますか？　また、それを勧めてくるスピ女についてどう思っていますか？　見解をお聞かせください。

（まゆっぺ・39歳会社員女）

私はおだててもらうために占いに行っています

私はスピリチュアルなこと、まあまあ好きですよ。人間が忘れちゃった動物の勘が第六感で、それが復活したら超能力みたいに見えるかもしれないし、思い込みの力でプラシボ効果が出て、ＮＫ細胞が爆発的に増えて病気が治ることもあるかもしれないし、宇宙には生物がいて、それは肉体を持ってなくてそれが霊みたいなもんかもしれないし、仕事や恋がうまくいかないときは近所の神社仏閣へ行き、拝み、パワースポットにも出かけます。「女子に大人気」ってとこはいかにも浅そうでお手頃感満載なので、そこにします。「マジのとこ」はちゃんとしないとまずそうなので遠慮します。信じることはないですが、飲み屋でスピリチュアルな話を聞くのも結構好きです。

スピ女ですか。何か勧めてきたことを断ったとき、説得モードに入ったな、と思ったら警戒します。執拗に誘ってきたら疑います。お金が絡んできたら逃げます。つーか、アナタ、「ブーム」と言ってる時点で熱量も低そうだし、断っても、乗っかってもたいしたことないと思いますよ。ブームは絶対終わりますからね。

タレント仲間の間でも占いブームはちょいちょい来ますよ。誰かが「すごい当たる占い師見つけた！」と言い出したらみんなで行き、誰かが「全然当たんなかった。ウィキペディア情報並べてるだけだった」と言い出したら、ブームは収束します。私は自慢ではないですが、エステで「うわぁ、効果出たぁ！」と思ったことと、占いで「うわぁ、当たったぁ！」と思ったことは一度もありませんが、好きなのです。

努力だけじゃなんともならないとき、なんかおだててほしいじゃないですか。それが私にとっての占いなんですよ。お金払って知らない人におだててもらうってバカバカしい、と言う人はいますよ。マネージャーと話し合いしろよ、と、至極まっとうなことを言いますよ。でも違うんだな。江戸時代の旦那の横の太鼓持ちみたいな、王様の横の道化師みたいな、社長の連れてる若手芸人みたいな、自分を盛り上げてくれる人がほしいのよ。不安になったとき、ウソでもいいから勇気づけてほしいのよ。でも、その人たちを食わせてゆくお金が大変だと思うのよ。そんなにお金使えないよ。だって老後が心配だもの。だからたま～の占い師なのよ。

占いなんて現実的でない、と言われますが、老後に備え、お金を最小限に使っておだててもらうために占いするのは、結構現実的だとも思うんです。

2017

どっちを答えても地雷しかない彼女

彼女から「巨乳と貧乳どっちが好き？」と聞かれて、「巨乳」と答えると「どうせ貧乳の私のことなんか……」とすねだして、「貧乳」と答えると「貧乳なら誰でもいいんでしょ」とすねだします。どっちを答えても地雷しかない問答が、毎夜寝る前に繰り返されます。どうしたらいいんでしょうか？

（タマン・35歳会社員男）

飲み屋のだらしないおっさんは、正解を知っています

私は最近思ったんです。「理想のタイプは?」と聞かれ、素直に答えたらダメだと思うんです。特にテレビはね。「理想」とついているから、理想を言うわけですよ。自分と不釣り合いでもいいんですよ。自分のことは棚に上げて答えていいんですよ。「理想」だからね。でも世間は「お前が選んでんじゃねーぞ!」と怒りますからね。質問に「理想」とあるのに、そこは忘れます。そのうち間違った伝言ゲームで質問は「付き合う男の条件」などと変えられ「てめーが偉そうに人を選んでんじゃねーぞ! 殺すぞ!!」と世間は怒ります。そんな世の中なのです。みんな弱ってるんです。みんな自信がないんです。すぐに自分が否定されてると思ってしまうんです。

先日、後輩が合コンもどきを開いてくれました。みんないい人だったのですが、みんな随分な年下でした。正直、息子でもいい年齢の子もいました。そこで「好きなタイプは?」という質問になりました。「優しい女性がいい」「よく笑う女性がいい」「家庭的な女性がいい」。みんな気を遣って答えてくれました。なんだか申し訳なくなるくらいできた人々。いかん、できた人々酔いが……。私の耳には「その条件を持つ20代、いっても30代前半の女性がいい。できれば美人だとなおよし」と聞こえてきました。悪い幻聴です。これじゃ私も「殺すぞ!!」と怒っ

ていた世間と似たようなもんですね。自分が否定されてると思ってしまう病。

家に帰って思い出しました。仲の良いおっさんのことを。おっさんは正直、世間で「(女に)だらしない」と言われている人です。そのおっさんが好きなタイプをこう言ってました。「女が好き。女はみーんな好き」と。ああ、おっさんのデカさが今ならわかる。なんと懐の深い男でしょう。こんなこと言われたら、どんな女も安心しますもんね。私のように「私なんて……」と思うことなくなりますもんね。おっさんは結果「だらしない」となっているけど、それはおっさんの周りに女が絶えないからなんでしょうね。

というわけで、オッパイ問題ですが、「オッパイはぜーんぶ好き。大好き。女の人はみーんな大好き」。これが正解です。こう言ってアナタもモテ男になってください。

2017

寄付してもいい人の見分け方

自分も寄付などで社会貢献したいなあと思うようになってきました。でも、駅前で募金してる集団とかは、犬や子どもなどを前面に打ち出していて、それが逆に怪しく見えてしまい、自分の出した金がちゃんと届けられるのかと心配になります。寄付してもいい人の見分け方を教えてください。

（インパール・45歳自営業男）

子どもたちが募金してるときどの子にいくら渡すか悩みます

私も困っております。きっと悪い人はほとんどいないんでしょうね。でも、昔はよくあったらしいじゃないですか。そんな話を聞いて育った世代ですしね。だから私はネットで調べ、納得できるところか、大きな団体や、役所系に振り込むことにしています。こんなご時世、大きな団体のほうが目につくから、監視する人も多いでしょう？　逆に悪いことできないんじゃないかなぁ？　と。一度振り込むと何度もＤＭを送ってくるところもあるので、そこはやめます。

しかし、募金活動してる人の前を素通りするのは心が痛みます。とても悪いことをしているような気になります。いや、いや、私は自分がいいと思うところに寄付はしてるんですよ、なんていちいち心の中で言い訳したり。子どもが募金活動してるときは、どうにも素通りはできないので寄付をしますが、子どもが複数だった場合困ってしまって……。

子どもが5人いたとします。5人全員に平等に寄付したいです。でも５００円玉5枚も、１００円玉5枚もなかなか持ってないでしょう？　となると、この子には５００円、この子には10円、この子には5円とかなっちゃって……なんか嫌でしょう？　あとで箱を開けたとき、「あ……私の箱だけ1円硬貨ばっかり……」なんて子がいたらかわいそうだし、募金活動するような真面目な子たちなので、中にはみんなと同じような金額を集められなかった自分を責めちゃう子もいるんじゃないかって。

なので、小さい子は頑張ってる感と愛らしさでいろんな人が寄付するだろうし、端に立ってる子は入れやすいというアドバンテージがあると思うので、私は、端ではない一番大きい子か、地味な子の箱に入れます。私のするべきことは、募金箱の中身を平均化することです。正しいことをしてるんだ。私は正しいことをしてるんだ……。

寄付をしても私の心は痛みます。なぜなら、私は、「この子は人気がなさそうだな」と人を見た目で判断しているからです。これこそ差別の始まりなんじゃないか。でも、差額に自分を責める子もいるんじゃないか。どうしたらいいのか私こそわかりません。

2017

あの厳格な父が、飲み屋では卑猥な赤ちゃんに……

自分にとって父親は厳格な存在だったんですけど、先日、友人と適当なスナックに入ろうとしたら、赤ちゃん言葉で卑猥なことを話してる父親の姿が目に飛び込んできて、思わずドアを閉じてしまいました。ショックでした。それからお互い口をきいてません。もう元には戻れないんでしょうか？

（サルマタ・33歳会社員男）

そんなお父さんのほうが、今後のアナタには必要なんです

お父さんがスナックで赤ちゃん言葉で卑猥なことを話すようになったのは、きっと仕事と家庭の重圧でしょうね。どこにも甘えられなかったんでしょうね。重圧から一人逃げることは簡単です。でも、家族を路頭に迷わすことができなかった。責任感が強かった。家族に甘えればよかったですか？　できなかったんです。お父さんはカッコつけだから。家族にすら弱い自分を見せられず、厳格な父親を演じていたんですよ。カッコつけのお父さんが編み出した苦肉の策が、ガス抜きが、スナックで赤ちゃん言葉で卑猥なことを話す、世にも底辺なカッコ悪いことだったんですよ。

でも、関係が元に戻ったって面白くないじゃないですか。アナタにとって、ただ厳格なお父さんってだけでしょう？　正直、腹割って話すこともないでしょう？　悩みを話したところで、教科書どおりの正しいアドバイスをくれるぐらいでしょう？　教科書どおりの正しいことって、誰でもわかるんですよね。それができないから悩むんでしょう？　できない人がどうやって乗り越えるのか、諦めるのか、そういう話が聞きたいんじゃない。実生活で役に立たない指南書が教科書ですからね。

スナックで赤ちゃん言葉で卑猥なことを話すって、なんと愛らしい。ダメな部分をちゃんと

持った人間らしい人間じゃないですか。アナタはお父さんに言うべきです。「スナックで見たよ」と。「あの感じ、初めてではないよね？」と。

お父さんはもうアナタにカッコつけることをやめるでしょう。常に正しいことだけを言うのをやめるでしょう。アナタももう33歳の会社員でしょう？　これからは、ダメなお父さんのほうがアナタに必要だと思いますよ。

きっと、いろんな悩みに対してのガス抜きの仕方を知ってると思いますよ。33歳のアナタがぶつかる悩みなど、お父さんはとっくにクリアしてるでしょう。気に入らない上司になんか言われるたびに上司の机の裏に鼻くそをつけるとか、接待飲み会のときは乳首にスースーするお薬塗り倒しておくとか、嫌なコンビニの店員にはエセ関西弁で「ほんまおおきに」としか言わないとか。何、光浦、つまんないたとえ羅列してんだよ？　と思ったでしょ。これは、私が足で稼いだ様々な人たちが実際に行っているガス抜きの仕方です。教科書には載ってないやつです。

これから本当の親子になってください。

2017

酔っ払ってるとき だけ好きなのは 〝好き〟に入るのか？

飲み屋で知り合った女性を好きになったんですけど、酔っ払っているとき限定です。シラフになるたびに我に返って反省するんですが、また酔っ払ってお泊まりしての繰り返し。付き合うならちゃんと相手のことを好きになってからと思ってるんですが、これって好きに入るんでしょうか？

（ＴＲＦ・41歳会社員男）

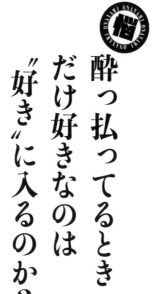

酔ったとき限定だなんて、誠実さのかけらもない

好きじゃないと思います。酔っ払ったとき限定って。酔うと「どうでもいいや」的な気持ちになりますからね。だって酔ったら、普段汚くてやだな、という共同トイレの便座だって平気になるし、気持ち悪かったら抱きかかえて吐くことだってできますからね。

彼女のこと、ルックスから性格からいろいろ、どうでもいいや、となってお泊まりしてるのではないでしょうか。女性からしたら、とんでもなく失礼な話ですよ。酔ったとき以外抱かない、抱けない、抱きたくない、好きじゃないなんて。本当に失礼な話だ！

ひとつ言いたいのは、アナタが主導権を握っているような言い方ですが、彼女はアナタと付き合いたいなんて思ってないと思いますよ。41にもなって酔ったときだけ泊まりにくる男性を、女性は好きにはならないと思いますよ。酔ったとき限定で好きなんて、誠実さのかけらもない。彼女のほうもセックスフレンドだと思って、都合よくアナタを性のはけ口にしているだけだと思います。なので、告ったりしたらアナタのほうが捨てられると思います。願望を込めて書いとります。

なんかね、すいませんね、なんかね、腹立ちましてね。〝酔ったとき限定〟って言葉がね。私もよく言われましたよ。「酔ったらイケるかも？」って。まるで褒め言葉のように、上から

目線で、しょーもない男らにね。「酔ったら」も腹立つし、「イケる」も腹立つし、「かも？」も腹立つでしょう？　でも、まだウブだった私は、そんな言葉でもうれしくて「私にもチャンスがあるのかな？」なんて頬をぽっと赤くしていましたよ。でもね、46年も生きて、いろんな人を見て、そこそこの社会勉強をしたら、あれは私をバカにしていた言葉だと気づけるようになったわけですよ。ウブだった私は、自分は女として底辺だと思ってました。今の私は、そんなに悪くない、いや、中の中の女じゃねーか？　いや、時と場合によっては中の上だな、と自分を思うようになりました。自分を大切に思うようになったのですね。世間では「自分を大切にしなさい。自信を持ちなさい」と言うでございましょう？　なので、世間的には、今の私の判断は正しいということになりましょうぞ。

「シラフになったとき反省する」とはどういう意味でしょう？　「彼女に悪いことした」と思ってるのか「ああ、失敗したぁ」と思っているのか、その辺をはっきりさせて、もう一度お送りくださると助かります。

2017

会話の中に「お母さん」をよく出す男

婚活パーティーでいい人と出会ったのですが、その後デートを重ねるにつれて、その人の会話の中にたびたびお母さんが登場することに気づき、今、引っかかっています。これはやっぱりマザコンなのでしょうか？仮にそうだとして、マザコンとの結婚は考えないほうがいいでしょうか？

（なめたけこ・38歳会社員女）

答 アナタも「お母さん」に〝所有〟されれば大丈夫です

マザコンでも好きだったら結婚すればいいし、マザコンが嫌ならやめればいいです。私がアナタの人生を決められるわけないでしょお。

でも、マザコンと結婚となるとあちらの親との同居、もしくは頻繁な交流となりますわな。お姑さんとうまくいかない、が想像できますわな。なんでお姑さんは嫁が嫌いなのか。それは、息子を取られたと思うからです。いつまで経っても息子は私のモノって……。

そういう所有にこだわる人と取り合いをしちゃダメです。所有が好きなんですから。減らすとキレますが、増えると喜びます。アナタも所有されればいいと思うんです。初めからみっともないくらい腹を見せて、何があっても好き、好き、大好き、奥歯から血をにじませながらも続けることです。狙いは、息子同様にアナタも大事大事にされることです。

息子がかわいいのは「私がいなくては何もできない」と思わせてくれるからだと思うんです。思春期自分の存在の全面的肯定ですよね。生まれたときは赤ちゃんだもん、そりゃ当然です。思春期くらいから親離れを普通するんですが、しなかったんでしょうね。ずーっと。で、マザコンとなった。アナタは大人からの参加ですから、並大抵のことはできると思うんです。でも「私がいなくては何もできない」と思わせなければいけません。「だから腹立つ」じゃなくて「んもう〜、しょうがないわね」と。下準備の面倒くさいことは全部アナタがやって、最後の見栄えはいいけど労力ゼロみたいな、いいとこを全部お姑さんに任すことですね。

　煮物ひとつも、ちゃんと里芋は面取りして、出汁もかつお節からちゃんと取り、で、味付けで醤油を入れ忘れる。「お母さん、なんか味がしまらないいんですけどぉ。え？　醤油？　やだ！　入れ忘れてました！　本どおりやって今回こそ完璧だと思ってたのにぃ〜」。なんてかわいいお嫁さんでしょう？　本当は本なんか見なくてもできるのに、本に頼ったというフリ。気遣い。甘え上手。「お母さんすごい。目分量で味付けできるんだぁ。すごっ」。敬語を使わない褒め言葉、つい口から出ちゃった感、計算が感じられず本心から言ってるみたいです。アシスタントをよくやってる若い女性タレントは、大御所に対してこれができます。

　好きになれば好かれます。心からお姑さんを好きになるように頑張ってください。どっちが先に好きになるか。先にできる子がいい子です。

2018

電車でゲロ吐いて思わず知らないふりをした

忘年会で飲みすぎて、電車内で吐いてしまいました。かかった人も数名いると思います。しかしパニクってしまった私は謝ることもできず、そのまま泥酔して気づいてないふうを装い、ゲロまみれのスマホをいじり続けて次の駅で降りました。今、この対応でよかったのかとモヤついてます。

（バッキー村上・34歳会社員女）

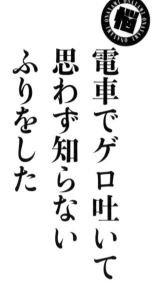

アナタはその失態で何を犠牲にしましたか？

その対応でいいわけないでしょう？　信じられない。ゲロぶちまけておいて知らないフリ？　で、「モヤってます」程度の反省？　私がアナタの親だったら、ぶん殴って、迷惑かけた人を探し出して全員に謝るまで、家には入れませんよ。

私の友人が見た話です。とってもキレイな人が電車に乗ってきて、でもなんかゆ～らゆらしてて、で、見てたら、突然、自分のブランドバッグをパカッと開けると、その中にゲロをぶわ～っと吐いて、次の駅で電車を降りたそうです。私はこの女性ならまだ許せます。ゆ～らゆらしてる時点で、酔っている、ゲロ吐きそうだ、がわかっているなら乗るなっつー話ですが、ゲロを車内に残さなかったところ、ブランドバッグを犠牲にしたところで少し許せます。

アナタを許せないのは〝自分は何を犠牲にしたか〟ですよ。服？　洗えば落ちますよ。携帯？　いじれてる時点で壊れてないでしょう？　何も犠牲にしていない。でも周りは犠牲にしていい。その、瞬時の判断が腹立つのです。周りにはかかったかもしれない、その程度だと？　バカバカバカ。自分が一番、自分の排泄物の臭いに甘いんですよ。だから毎日ウンコできるんですよ。他人の排泄物は100倍クサいんです。「自分の服がゲロまみれ」と「他人のアナタのゲロが1滴ついた」は同じクサさです。

もし、やっとできた彼氏の家に泊まりに行こうとしている女の子が、アナタの座ってた席に座ってしまってたらどうするんです？　車内に入った瞬間「なんかクサいな」と思っても、まさかここが事件現場だなんて気づかないじゃないですか。すぐに「クサすぎる。あれ？　この椅子そこはかとなく湿ってね？」となったときは、彼女のスカートに、赤の他人のアナタの死ぬほどクサい臭いが染みついてますよ。もう洋服屋も閉まってる時間です。でも、彼に会いたいです。行くでしょう。そしていざ、そういう空気になったとき、彼は思うでしょうよ。「この子、クセえな」って。やめちゃいますよ。彼女は美人ではありません。モテる子ではありません。だから終電近くの急な彼の呼び出しに応じてるんです。都合のいい女でもいいんです。それでも彼に会いたかったんです。彼女のささやかな夢をアナタが壊した。

2018

自分の脅威となる新入りが現れたら？

職場に2つ上の女性が入ってきたんですけど、仕事もできて性格もよく、みるみるうちに人気者になりました。私にとってライバル出現です。頑張ろうとは思うんですけど、その子の魅力に気づくたびにヘコんでしまいます。自分のポジションを脅かす強敵が現れた場合、どうしたらいいのでしょう？

（草子・23歳会社員女）

諦めましょう。ニュータイプは尊敬するほうが楽ですよ

いやぁ、わかりますよ。自分より能力のある人が近くにやってきた恐怖。しかも、性格もよいときたら。勝てるとこはまったくございませんな。諦めてください。

もうね、尊敬するほうが楽ですよ。ライバルじゃない。憧れの人が現れた、それだけです。アナタなんて相手が2つ年上っていう逃げ場があっていいじゃないですか。日本はやっぱ「年上を敬え」「早く生まれただけで偉いんだぞ」という感覚があるじゃないですか。その裏返しで「年上だから、年下よりできなくちゃいけない」があるじゃないですか。つらいですよ。年上なのに能力が劣るって。

私なんて46でしょ？　職場は年下のほうが多くなりましたよ。ニュータイプが続々と現れてくるんですよ。能力あるわ、しかも性格いいわ。だからこそ私のことを敬っちゃったりするわけですよ。どうする？　圧倒的に能力ある人が、仕事的にぶっちゃけ上のポジションにいる人が、私に椅子を譲って自分は立ってたりするんですよ。つらいわぁ。足が棒になるまで立たせてほしいわぁ。私にお茶とか出してくれるんですよ。つらいわぁ。干からびたいわぁ。

私は諦めたので、そういう人は神様だと思って接してます。私よりすべてにおいて秀でている方なので、年下だろうが関係ない。甘えます。とことん甘えて、ダメな大人として扱っても

らいます。「あなた、すごいねぇ〜」と、ニュータイプの生き様を肯定してあげることくらいですな。我々ができるのは。

人に優しくするって、自分のためでもあるんですって。「いいことをした」と思うことって大事なんですって。自己肯定です。ちゃんと脳みそにいい物質が出てきて、心も体も楽になるんですってよ。本で読みましたもん。だから、ニュータイプが椅子を勧めてくれたら座るんです。「ありがとう」と言って。MCだから誰より負担が大きいというのに、立たせておくのです。それによって、彼らが「いいことをした」と思って、心も体も健やかになってMCに臨めるのです。「ババア、座ってんじゃねーぞ！」というスタッフの非難の目を一身に浴びることが、我々のお返しです。自分の評判を上げるために私を利用している？　それは旧型です。そんなのはボロがすぐ出るので、シッポつかんで悪口言ってやりゃいいんです。我々が今対峙しているのはニュータイプなのです。本当に性格がよいのです。諦めなさい。

2018

女のことを「メス」と言ってくる男性客

ガールズバーで働いているんですが、そこのお客さんで女のことを「メス」って言う人がいます。こっちも仕事なので、ほかの発言はある程度我慢できる（なんとなく女をバカにした発言が多い）んですけど、どうしても「メス」だけは引っかかります。これは一度ブチ切れたほうがいいのでしょうか？

（カレソ・24歳保育士女）

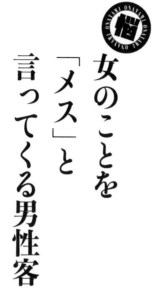

お客様は神様だからこそ、神様らしくしてほしいですね

モテない男ですね。もしかしたら童貞かもしれませんね。女に触りたくてたまらないけど風俗に行くのは俺の主義に反する、そんなタイプでしょう。変なプライドが高く、モテないことを認められない、けど女に接したい、で、ガールズバーで威張る、なんでしょう。アナタをはじめ従業員の皆さんはそんなことお見通しで、そのお見通しが怖くて「俺、別に女に興味ねぇし」が「メス」という言葉になって、もう確実に童貞ですね。

その童貞感をかわいいと思える度量のデカさが、プロに求められることでしょう。しかし、客だから、金を払っているからといって、何をしてもいいわけではありません。「お客様は神様」なのです。神様だから、神様らしく、広い心を持って、ピースフルな行動をしなきゃいけないのです。三波春夫はどういう意味で言ったのかわかりませんが、「客は神なんだろ？ なんでもしろよ。ひれ伏せよ」は間違っています。神様はそんなこと言わないからです。逆ですね。「お店は神様です」ならわかります。「神様なんだから、こんな根性の曲がった私にも、温かい接客をしてください」ならね。

怒って、逆ギレされて、あらぬ誹謗中傷を垂れ流されても困りますしね。いい常連さんしか来ない飲み屋のママが言ってましたよ。「客が客を育てるんだよ」と。まずは、いいお客さん

を常連さんにすることですね。行きつけの飲み屋で態度の悪い客が来たら、嫌ですもん。そういうとき常連さんがいっせいに念を飛ばすでしょう？　「お前、くんなよ」って念。あれよ。あれをしてもらう環境を作るのよ。無言の圧力って結構効きますからね。ドアが開いた瞬間にピリッとなる感じね。

　女子トイレでよくありません？　個室に入っているときに、女が3人やってきて鏡の前でべちゃべちゃ話し出して。で、こちらが個室から出た瞬間にぴたっと話をやめて、こちらが手を洗う姿をなんとなく眺めて、こちらがトイレから出た瞬間にまたしゃべり出すってやつ。まったくの見ず知らずの女たちでも「絶対、私の悪口言ってる」って思いますでしょ。怖いでしょ。嫌でしょ。

　多分、その客もわかると思います。モテない人生を送っていたはずなので、学生時代に教室の扉を開けた瞬間にシーンとなったり、ピリッとなったりは経験済みだと思います。その空気には敏感だと思います。怖くて来なくなるでしょう。

2018

女同士で旅に行くときに気をつけることとは？

女６人で楽しい旅行だったはずが、考えや性格の違いから、ケンカとまではいかないもののピリピリすることばかりが続いて、正直ヘトヘトになって帰ってきました。女同士で旅に行くときはどんなことに気をつけたがいいのか、アドバイスをいただけたら幸いです。

（飲み仲間でいきなり海外はないか・38歳会社員女）

トラブルは楽しむのが旅。ただし「なんでもいい」に要注意

2〜3人の旅ならありがちですが、4人以上でそうなるなら……アナタ、もしや、あれですか？　なんでも「いいよ。合わせるよ」て人の意見に「のっかり」しかしない人ですか？　いや、本当になんでも「いいよ」ならいいんですよ。「いいよ」と言っておいて、なんかあると人のせいにする人いるじゃないですか？　はっきり言葉にせず、態度で、空気で。

たとえば、道に迷ったときね。先導者に文句は言わず態度で示すやつね。テンションをクソ下げて、無口になって、足ひきずるやつね。誰かが「こりゃ道、間違えたなぁ」てなことを言おうものなら「まあまあ、○○ちゃんだって頑張ってくれたわけで。まあまあ、仲良くいこうよ。私は全然、疲れてないよ」って急に入ってきて。ただ軽口たたいただけなのに、仲裁風なことすることでマジのケンカに仕立て上げようとするやつね。

たとえば、入ったごはん屋がマズかったときね。誰も決めないから「ここにする？」と言った人を無言で非難するやつね。テンションをクソ下げて、無口になって、あまり食べないってやつね。誰かが「ここ、ハズレだったな」なんて言おうものなら「まあまあ、私は全然、おいしいと思うよ。仲良くいこうよ。みんなでもう一回、乾杯しようか？　ね？　ね？」って急に入ってきて。みんながあまりにしゃべらないから、ただ軽口たたいただけなのに、仲裁風なこ

とすることでマジのケンカに仕立て上げようとするやつね。

そもそも空気が悪くなるのって、一人がだんまり決め込むのが始まりだからね。トラブルを楽しむのが旅です。トラブルを楽しめないなら旅をするな。「何したい？」と聞かれりゃ「なんでもいい」としか言わない、何もしない、お客様気分、でも「私はみんなに合わせてあげてる顔」してるやつ。冗談と本気の違いもわからないのに「私はみんなの仲裁役してあげてる顔」してるやつ。アナタそれじゃないですよね？　旅のアドバイス1つめは、そういう人とは旅をしないことです。

アドバイス2つめ、「あ、タクシー代出しとくよ」「じゃ、次は私が」「あれ？　今回高くない？」「つーか、あいつ、いつも払ってなくない？」などの小銭問題を防ぐ方法です。初めに全員から1万円ずつ徴収して、「みんな財布」を作ることです。

それでも楽しめそうにないなら、金を全部出してくれる先輩と、ご主人様と奴隷の関係性で旅することです。

本当の話
グアムのホテルにて
タオルにうんこがついていた。
うんこ
くせっ!!

2018

おじいちゃんのカツラに気づいた我が子

おばあちゃんと3歳の息子をテレビ電話させていたら、お風呂上がりでカツラを被っていないおじいちゃんが一瞬映り込みました。その後、いつものカツラ姿でテレビ電話に出てきて、息子は普通に話してたんですが、やっぱり混乱したらしく神妙な顔に。どう説明したらいいでしょうか？

（けんちゃん・41歳会社員男）

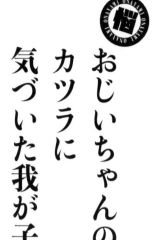

子どもは「マジでダメ」の線引きを知っています

「どう説明したらいいでしょうか」とは？　覚えた言葉を使いたがる子どもが、街で大きな声で「ねえねえ、あれはカツラ？」などとおじさまらの頭を指差しかねない、という心配なのでしょうか？

でもね、そんなエピソード、有りそで無さそじゃないですか？　サザエさんにはありそうだけど、親戚、同級生の子どもとかに実際にありました？　ないでしょう？　多分ね、そんなに子どもはバカじゃないと思うんですよ。なんつーのかな？　のちに親が「うちの子が、あんとき、こんなこと言っちゃってぇ〜」とネタにしそうだぞ、なんなら欲しがってるぞ、ということまでしか言わないんですよ。ちゃんと線引きできる能力があるんですよ。「マジでダメ」はわかるんです。

太ったご婦人がやってきたとき、子どもがそのご婦人に向かって「豚が来た」って言ったの見たことありますか？　ないでしょう？　子どもの少ない語彙からしたら「豚」は上位のワードですよ。素直な心なら、太ったご婦人も豚も同じに見えるでしょう。同じ地球に住む、同じ丸々とした生き物です。みんな仲間で友達のはず、逆に悪意なんてないからこそ、ご婦人と豚は同じなんです。でも言わないんです。わかるから。「マジでダメ」が。

もしもアナタがどっかで「あれはカツラ?」って言ったら面白いな、今度の飲み会でのネタになるな、なんて思っていたら言いますよ。子どもは親に褒められたいんですから。「こら!」と言いながら心で笑ってるのをちゃんと感じられますから。

子どもに聞かれるまで、この案件は説明する必要はありません。何事もなかったことのように、シラを切り通すのです。シラを切り通すことが、子どもに「なんかわからんが、触れてはいけないんだ」と思わせます。もし聞かれたら、とても言いづらい、ああ困った、という空気を出してください。そして「あとで説明するね。今、お仕事の電話しなきゃいけないから」などと用事をでっちあげて逃げてください。子どもは自ずと「なんかわからんが、触れてはいけないんだ」と思いますから。それでも聞いてきたら、カツラを説明すればいいと思います。内容ではなく「マジでダメ」の空気を伝えることを重視してください。

これで街へ出て、大きな声で「ねえねえ、あれはカツラ?」と頭の怪しいおじさまを指差したら、それは無邪気でもなんでもありません。傷つけようとして発した言葉です。ぶん殴っていいと思います。

2018

女性には固有のダサ語がそれぞれにある？

妻が「ぷるてんぱろてん」「ぽろぽろぴーん」など、ダサい一言を意味なく、不意に発してきます。藤原紀香さんも「おつかれぽんきち」「オーマイゴッドのすけトゥギャザー」とブログで書き散らしていますが、女性には固有のダサ語がそれぞれあったりするのかな、と。光浦さんもありますか？

（ぴー助・43歳会社員男）

ダサ語で悲しみに引っ張られないようにしてるんですよ

ありますよ。奥様のように高度ではありませんが、楽しいときは「ぷぴゃぴゃぴゃぱー」みたいなパ行の音を発しますし、落ち込んだときは「ぶべべずばどべー」のようなバ行の音を発しますよ。なんか悲しみに引っ張られそうなとき、自分を鼓舞するために発します。

楽しいはず、と頭ではわかっているのに、もひとつ楽しめないときがあります。そんなときにバカな音を発するのです。「すげえ楽しいぞ。私はゴキゲンだぜ！」と鼓舞するように。だって、なんで楽しめないいんだろう？　なんて考えたら、悲しみに引っ張られてしまいますもん。自分がおかしい？　自分が悪い？　答えはそうなりますもん。頭を使わず、乗り切りたいんです。落ち込んだときは、バカな音を発することで「たいしたことないぞ、私はノーテンキな人間なんだぞ」と鼓舞します。

藤原紀香さんは目立つ存在ゆえ、一挙手一投足、注目されてしまいます。それは怖いですよ。すべての人が味方ではないですからね。私と同じように「なんか悲しみに引っ張られる」、そんなふうに常に感じていることでしょう。だから変な言葉をブログに書き始めたんだと思います。しかし、その変な言葉ゆえ、ますます注目されてしまう本末転倒な感じになっています。アナタね、そこをいじってやんなさんな。アナタみたいな監視官たちが、書かせているんですよ。

変な言葉を発する女性アイドル、女性タレントがみんな、目の奥が笑ってないのはわかりますでしょう？　設定に無理を感じて悲しいんじゃないんです。悲しいから、悲しみに引っ張られないようにして発した言葉、行動が変だったんです。語尾に変なものをつけたり、妙な言葉の間違いをしたりするのは、自分を鼓舞してるんです。ある程度売れて認知されたら、そのキャラを捨てると思ってるでしょう？　違うんです。仕事に自信がついて、もう、悲しみに引っ張られないほど強くなったから、自然と口から出なくなっただけです。

アナタへ。奥様はきっと、何か悲しいんですよ。でもその正体がわからない。もしくは、わかりたくないんでしょう。「世界中が敵になっても、僕だけは味方だよ」と言ってあげてください。優しく抱きしめてください。記念日でもないのに、花束を買ってあげてください。あまり動かないじーっとしたセックスをお勧めします。

2018

クラスにいつも誰かの悪口を言っている子がいる

光浦さんこんにちは。クラスにいつも誰かの悪口を言っている子がいます。本人のいないところで、です。私が注意したら、私のいないところで私の悪口を言うようになり、自分は被害者のような態度をします。どうしてその子は悪口ばかり言うんですか？　どうしたらやめるようになりますか？

（彷徨シラ・12歳小学生女）

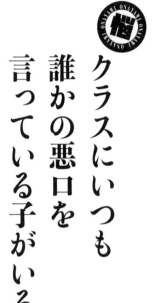

私はそういう子と、あとで仲良しになりました

困った問題です。私の子ども時代にもそういう子、どの学年、どのクラスにも必ずいました。クラスのリーダー格で悪口どころか、ちょっと気に入らないことがあると「○○ちゃん無視ね」と独裁政治を行う子が。私も変に真面目で空気の読めない人間だったので、まず目をつけられました。無視第1号でした。でも、私ひとりがずーっと無視されたわけではなく、その後、いろんな子が回覧板が回ってくるように順繰りに無視をされました。

その無視で学んだことは、みんなと同じになる、目立たないようにしよう、でした。まずは形から。田舎でしたから洋服屋も少なく、そのリーダー格の子を含め、クラスの何人かが同じトレーナーを着ていました。私は母親に頼みました。「私もみんなと同じ、ペンギンのついた、ダサいトレーナーが欲しいの!!」と。そういうところかな？「ダサい」と思ってるのがちょいちょい顔に出てたのかな？　普通、無視は1人年1回なのに、私だけはショートスパンでもう1回無視されました。

中学に入ると、その子は日に日に暴君さが消え、普通になりました。勝手に大人になったというか、まともになったというか……。クラスが一緒だったときは、毎日つるんでいました。毎日つるむ人を親友と呼ぶなら、私は親友でした。仲良しになりました。

そうなんですよ。「あの時の傷、一生忘れまい！」と思っても、目の前にいるのは普通に仲の良い友達で、昔のように意地悪でもないし、憎みようがないんですね。一緒にいれば楽しいし。大人になった今でも普通に仲良しだし。なんでしょう。「罪を憎んで人を憎まず」って言葉があるじゃないですか。そんなキレイごとあるかい！　と思ってたんですが、意外とこういうことなのかな？　立派な人間が理性ですることじゃなくて、なんとなく、惰性で、「ま、ええか」となることなのかな？　と。

悪口ばかり言ってる人間は信用されません。大人になると、自然と孤立します。なので、そういう子も大人に近づくにつれ「あれ？　私、嫌われてる？」と感じ、修正してゆくでしょう。でも今、相手は何が悪いのか理解できるほど大人でない。アナタも彼女を説き伏せられるほど大人でない。周りも目先の恐怖優先の子どもである。実践的アドバイスは、ズバリ、その子と距離を置き、別の子らと楽しく過ごすことです。

がっかりしないでー。アナタが正しいこと靖子はわかってますから。

2019

孫娘から好かれるにはどうしたらいい？

いつも為になる文章を拝読させていただいております。恥ずかしながら私も悩みのご相談を。さて、私には9歳になる孫娘がひとりいるのですが、私はどうも彼女に好かれておらず、なかなか我が家に寄りついてもらえません。孫に好かれるようになるにはどうしたらよいのでしょうか？

（わらび餅・63歳主婦女）

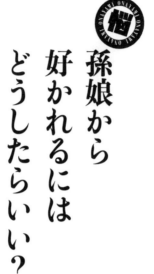

私も理想的な叔母をやってるはずなんですが……

子どもだったころ、「こんなおばさんが親戚にいたら最高だったのに」と思うおばさんを、今、私はやってるつもりです。いつでも子どもに近い感覚を持ち、楽しそうな映画、イベント、時に旅行に連れていってくれて、本や漫画をいっぱい持ち、友達より一歩大人なモノをお勧めしてくれて……何が不足じゃ!! 甥っ子、姪っ子は私にいまひとつ懐いていません。おもちゃとゲームは買ってやらないからかしら？ 子ども手なずけ大会でそれはドーピングでしょう？

先日、姪っ子から電話がありました。「やっちゃんちに泊まりにいきたい」と。どうやら寂しいこの家から逃避したいのだと。「お父さんはいつもお兄ちゃんと難しい話（勉強について）してて、お母さんは仕事に家事に忙しいから、私はほっとかれてるの」と、母親の携帯から、母親に抱っこされながら、テレビ電話をかけてきました。え？ ほっとかれてる？ 今、抱っこされてるし。「毎日、かわいい、好き好き、チューばっかりなの！ 私は一人ぼっちなの！」と。これ以上のかわいがられ方があるのだろうか……と思いましたが、ツッコミなど入れて嫌われたくないので、完全に間違った言い分を肯定しておきました。

「じゃ、うちで、シルバニアファミリーのお布団作ろうよ。ミシン教えてあげる。やっちゃんちは、いーっぱい布あるからさ」。私が子どもだったら小便ちびるくらいの魅力的な誘いをしたのですが、リアクションはいまいちでした。「うーん……お布団は買ったほうがいいと思う。もし作ったら、お友達がなんで買わないの？　って聞いてくると思う」と。確かに。子どものころはオリジナリティーを出すことより、ほかと同化することが大事で、女子の中で生きてゆく唯一の方法です。でも、子どものころの柔軟な脳みそを使わず、そのうち使い方すらわからなくなり、ただの凡人になってしまうのはもったいないです。「作ろうよ」「嫌だ」「作ろうよぉ」「嫌だ！」「あのね、大人になったとき、買ってばっかりの人をダサいって言うんだよ。音楽も映像も、言葉も、モノも、なんでも作ってる人はオシャレなの。アーティストなの。クリエイターなの。あのクリエイターだぞ？」「意味わかんねー」「なんだその口のきき方は！」

　子どもの心をつかむには、子どもが引くほどの愛情を示さないこと。口が臭くないこと。この2点だけだと思います。

2019

光浦さんは地球最後の日どうする？

趣味が天体観測です。そこはこの地球上とはまったく異なる世界が広がっており、時間すらも同じではなく、光が地球に届くまでのタイムラグ分だけ遅れて見えます。同じ空間にあるはずなのにまったく不思議な世界です。昨夜は流星群を観測しました。光浦さんは地球最後の日はどう過ごされますか？

（アルデバラン・48歳会社員男）

地球最後の日、おそらく私はキャンプに行きます

ロマンティックなアナタに真面目に答えたいと思います。地球最後の日ですよね。それっていつ発表されるんでしょうか？　地球上に逃げ場なんてないから、パニックになるだけだから、多分、当日発表ですよね。24時間て感じですよね。そうなると、働こうとする人はほぼいないですよね。だから交通機関はストップしてるし、飲食店も開いてないし、できることは家にいることくらいでしょう。家にある材料で食事を作るくらいでしょう。つーか、電気、ガス、水道は使えるんでしょうか？　働く人がいなくても供給されるものでしょうか。心配です。そうなると……キャンプ、それが一番可能で楽しい過ごし方ですね。私、キャンプに行きます。

ただ私は車を持ってないし、キャンピングセットも持っていません。誰かのキャンプに便乗するしかないです。でも、その誰かも地球最後の日は愛する人と過ごしたいでしょう？　恋人？家族？　みんな「最後の日だ」とテンパッちゃってるから、他人の私に対する気遣いなんてなくなるでしょうね。わざわざ車で迎えにはきてくれないでしょう？　無視でしょう？　妹家族がよくキャンプに行くので、妹家族のキャンプに便乗できれば万々歳ですね。

さて、妹家族とキャンプに来たとしましょう。ごはんを食べ終え、最後の時間を過ごすでしょう。涙を流しながら、幼い甥っ子、姪っ子は「お母さーん」と妹に抱きつくでしょう。その子

どもたちを覆うように、旦那と妹が抱き合うでしょう。小さなひとつの塊になって。

で、私はというと……妹の背中に引っつくくらいですわな。完全に輪の外。すぐに隕石がドカーンとなりゃいいですが、意外と時間がかかると、思いますわな。「ああ、やっぱ、入りづらいな。家にいてもよかったかなぁ」と。それでもまだ時間があると、なんかバツが悪くなって妹に小声で「じゃ、ま、ね、ありがとね。行くわ」と言って一人輪を離れ、山を歩きますわな。

一心不乱に歩いていたら、なんだか汗ばんできたのでジャケットを脱ぎ捨てます。だって地球最後の日だもの。もういらないもの。それでも暑くって、シャツもズボンも脱ぎ捨て、真っ裸になったら気づきます。裸とはこんなに気持ちのいいものなんだ、と。なんだか楽しくなって「わー!!」と叫びながら走り出します。楽しくって楽しくって。「わー」「わー」「わー」。止まらない。スピードはどんどん上がって、気づくと手のひらに地面の感触があって、なんで？と思ったときはもう狼だったとさ。

2019

臭い人に「臭い」と言える？

彼氏から「頭が臭う」と言われてしまいました。もうトラウマで抱き合えません。私だってこれまで彼のいろんな臭いを嗅いできたけど、口には出さず我慢してきたのに……。光浦さんは臭い人には臭いと言いますか？　それとも言わないようにしますか？　また臭いと言われたらどうされますか？

（メルル・31歳事務女）

被害を最小限にするのも、仲の良い人の役目です

命の危険すら感じるような臭さのとき、しかもその臭いを発する人が仲良かった場合、言います。「臭いよ」と。そりゃ、私だってそんなこと言われたら傷つきます。でも誰か言ってくれなきゃ、そんなに仲の良くない、知り合い程度の大勢の人らに陰で「アイツ、くせぇな」って言われるんですよ。一人から受けた傷のほうが、治りは早いでしょう。

何度も書いてますが、女子における鼻毛問題ですよ。ある女の子、A子としましょう、A子の鼻の穴から鼻毛が出ています。それを発見したある女子は「注意したら傷つくから。かわいそうだから」と言いません。A子は鼻毛を出したままです。別の女子がA子の鼻毛を発見しました。その子も「注意したらかわいそうだから」と言いません。男子たちがA子の鼻毛を発見しました。翌日、A子のあだ名は「鼻毛」になっていました。女子たちは「やめなよ。A子ちゃんがかわいそう」と言いました。

かわいそうを履き違えんな！　これはお前ら女子によるイジメだ!!　と私は思うわけです。言うことで、被害を最小に抑えることも仲の良い人間の役目です。

そういう役目は家族、恋人が一番いいでしょう。近ければ近いほど傷は浅いと思います。アナタ、そんなにヘコんでないで頭を特殊なシャンプーで洗いなさい。職場で臭いって思われな

くて済んだじゃない。感謝感激、雨あられですよ。恋人のいない私は「言いづらいことは言ってね」と、森三中黒沢に頼んでいます。が……腹が立ちます。ちょっと白髪が伸びてきたのを見つけては「白髪、染めないと」。首のシワが目立ってきたときも「首の手入れしないと」と。肌の調子が悪いときはすぐに「肌どうしたんですか？」と。そう、確かに人が言いづらいことだけど……全部、鏡見りゃわかるわい！　誰より私がわかっとるんじゃ！　気にしとんじゃボケぇ!!

私は仲の良い間柄なら「言う」ということにしていますが、ただ、いくら仲が良くても、年上の人に「臭い系」は言えないですね。臭いというのはザ・老化ですもん。子どもは臭くありません。起きたとき、口が臭くなって一人前と言われるくらいです。だからこそ、年上の人には言いづらいです。自分より老化している人に「老化してる！」と突きつけるようで。

白髪、シワ、シミ、老化についてなんでも言える黒沢は、改めて貴重だと思いました。

2019

褒められないと仕事のやる気が出ない

褒められないとやる気が出ません。前は上司や同僚からの一言に交ざるちょっとした褒め要素が私の仕事の原動力になっていたのですが、部署が変わってそれもなくなり、何のために頑張ればいいのかわからなくなりました。光浦さんはどうやって仕事に対するやる気を出していますか？

（チュクチュク・31歳会社員女）

ノーモア「えん罪お局」。世の中を変えましょうよ

歳をとると、もう誰も褒めてはくれないし、叱ってもくれません。正しいのか間違っているのかもわからないのに、進むだけです。でも道が逸れて、随分なところまで来たときに、待ってましたとばかりに「老害！　ドーンッ!!」とやるのが世間です。恐ろしいものです。モチベーション？　発言の一部を抜き取られ、ミスリードする文章に変換されてネットニュースに載せられずに済んだ、今日も無事に過ごせた、とほっとするだけです。

勤続年数の長い女性を「怖い」「若い女に意地悪」というキャラクターにしよう、しようとする空気があります。それを私は「えん罪お局」と呼んでいます。私は昔から人当たりが悪いようです。絶好調に楽しんでいた合コンでも「気分悪いなら帰る？」と言われたものです。

なので、若手のころ、先輩らに笑顔でちゃんと挨拶しても「ブスッとして感じ悪い」と言われたものです。でも、それだけのことでした。力のない私をだからといって「干してやろうぜ」なんてする先輩はいませんでした。ゆっくり付き合ってゆけば、そういう顔の人なんだ、と理解してくれました。

当然、下からも言われます。「挨拶したら、そっけない態度とられた」と。これも〝そういう顔の人〞で済むかと思いきや、違いました。「いじめられた」となりました。「勤続年数が

長い女性は、若い女性に意地悪」。これには根強い支持者たちがいます。トーク力のない若手が彼らを喜ばそうと話を盛るのです。「挨拶したら無視されたんですぅ。だからもう一回挨拶したら睨まれてぇ。で、光浦さんの口が小さく動いてて……よく見たら……あの動きは……『く』と『そ』でした。怖かったです」。これが「えん罪お局」の誕生です。

アナタもいつ「えん罪お局」にされるかわかりませんよ。下から上に何か言っても「尖ってる」で済むところを、上から下に何か言ったら、それがただのアドバイスであっても「いじめられた」とされますよ。年寄りを敬え、年上は偉い、と、年上なだけで威張ってよし、なんてやってたからこんなことになるんですよ。上も下もなし、これが将来、年寄り、年上になる自分らの身を守ることになったのに。

だから、アナタから世の中を変えてゆきましょう。まず、上司に「私のモチベーションが上がらないんだけど。私のことといっぱい褒めろよ」と言うべきです。上手に褒めてくれたら「あんた、見どころあるよ」と上司を褒めてあげることです。

2019

いつの間にか母親がYouTuberになっていた

母がYouTubeにハマって、最近やたら大食い動画とか観ているなと思ったら、いつの間にかYouTuberデビューしてました。まだ自己紹介とかカバンの中身紹介で、体を張った企画まではやってないんですが心配です。やんわりやめさせるにはどうしたらいいでしょうか?

（ひろゆき・31歳職業不詳男）

おばさんって見てるだけで幸せになりませんか？

やめさせます？　人生１００年ですもんね。生きるにはお金も要りますしね。元手も要らない、時間もフレキシブル、これからどんどん老人ＹｏｕＴｕｂｅｒが増えてゆくんでしょうね。アナタから見て、お母さんのカバンの中身紹介はつまらないかもしれませんが、テレビで私服紹介、自宅紹介、よく見るでしょう？　あれは、本当にそこの視聴率が上がるんですって。人ってそういうの観たいんですってね。だから、方向は間違ってはないんじゃないですか？

私は、おばさんが好きなんですね（私はまだおばさんじゃないと仮定して）。観光地でおばさんの集団に会うでしょう？　あれ好きなんですよ。絶対笑ってますもん。おじさんの集団も好きですね。コソコソ笑ってますもん。一番好きなのは、おばさんの集団におじさんがひとり、で、そのおじさんが言うことすべてにおばさんら大爆笑、これですね。なんか平和で、見てるだけでこちらがうれしくなりますもん。

私、よく考えるんですよ。もしも道でウンコが漏れそうになったら。周りに公衆トイレはありません。誰かの家のトイレを貸してもらうしかないです。誰に声かけます？　助けてと言います？　絶対、おばさんでしょう？　若い人は怪訝な顔したり、なんならこちらを変質者のような扱いしてくるでしょう？　おじさんは、もしも、もしも、シリアルキラーだったら、なんて、もしもの想像してしまうでしょう？　おじいさん、おばあさんは了承してくれても、歩みがゆっくりなので、家に着く前にウンコが漏れてしまうでしょう？　おばさんですよ。一番、人が困ったとき助けてくれるのは、おばさんです。やっぱりおばさんが一番好き!!

私はおばさんが持ってる、変なポーチとか好きですよ。ポーチは全然欲しいと思いませんが、それに価値を見出す、そのおばさんのかわいらしさが好きなんです。ペットボトルについてた缶バッジとか、律儀にカバンにつけてたり。「それなんですか？」と聞くと、「あ、これ？」と言って、親指でゴシゴシ汚れを拭って見せてくれる、その親指使いとかも好きなんです。飼い犬の目ヤニを取るときと同じ使い方。大切なのにちょっと乱暴に扱っちゃうとこ、かわいくないですか？

私はアナタのお母さんのカバンの中身を見たいです！

……あ、やめさせたいなら匿名の悪口を書き込むことですね。

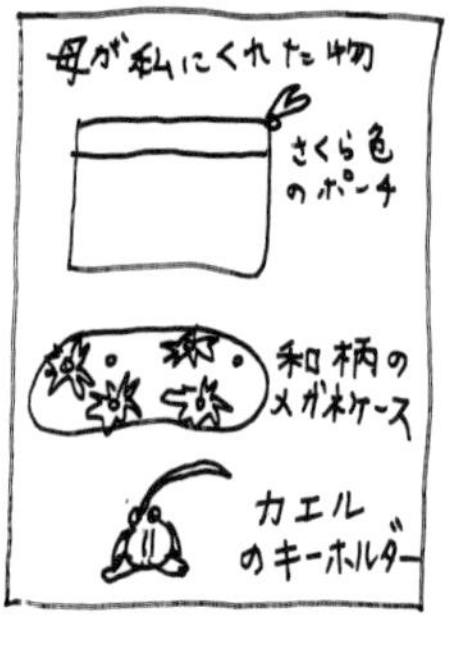

2019

悩

プレゼントの選び方がわからない

プレゼントを選ぶのが苦手です。いつも苦し紛れに選んだ一手を相手に渡すと、うっすらと悲しそうな(?)顔をされている気がして、ますます苦手意識が強まります。相手のどういうところを見て選べばいいのでしょうか? プレゼント選びが得意そうな光浦さん、コツを教えてください。

(ひとみん・36歳会社員女)

参考までに、私がもらって絶句したプレゼントはこちらです

私もプレゼント選びは苦手です。だいぶ付き合いの長い森三中の黒沢の好みすらわかりません。私がプレゼントしたものを黒沢が使っているところを一度も見たことがありません。もはや黒沢が悪いとさえ思います。

私にもこだわりはあります。正直、自分じゃ買わない、てなものをプレゼントされることもあります。でも、とんでもないセンスでなければ別に、身につけるもののひとつやふたつどうってことないというか、それほど完璧なコーディネートをお前はいつもしてんのか？　って話で、私は使います。自分があげたものを人が使ってくれてたらうれしいじゃん？　その逆よ。私にもそれくらいの人の心はあるのです。

あ……ただひとつ、プレゼントされたもので、メガネの柄の黄色いブラウスは一度も袖を通してません。だって、だって、これは無理でしょう？　メガネタレントがメガネの柄の派手なブラウス着てたら、ヤバいでしょう？　メガネも小さく1個ならまだしも、全体にちりばめられてるの。黄色もパステルじゃなくて原色に近い山吹色なのね。

「光浦、こういうの好きでしょ？」って渡されて……。

私のことわかってない。以前、家族で奄美大島旅行したことあるのね。そのとき、ビーチで

家族全員がメガネだったとき、私はちょっと恥ずかしいと思っちゃったのね。そういう小心者なの。このブラウス着てたら、みんなが「アイツ、いじられたくて必死だな」って笑うでしょうよ？

つーか、「光浦こういうの好きでしょ？」って決めつける、その自信はどこから？　この方、よくこれ言うんです。でも「こういうの」って指差すモノがことごとくダサいんですね。これは何ハラスメントになるのでしょう？

身につけるものにこだわりがある人には、身につけるものをプレゼントしないことです。消耗品にすべきです。ただ、身につけるものにこだわりある人って、自炊しない率高いんですよね。自炊しない人にいいオリーブオイルをあげてもちっとも喜ばないんですね。自炊しない人は花をあげても喜びませんね。とにかく水回りを汚したくないんですよ。でもハイブランドは結構好きですから、どこぞのブランドの高いキャンドルとかがアンパイじゃないでしょうか。キャンドルは燃やせばなくなるし、小さいですから、おうちのインテリアを邪魔することもありませんからね。

私の友人のモテ男が言ってました。女性（彼女以外）にあげるなら、シャネルのボディクリームが一番ハズレがない、と。

2019

シャツの襟の裏地が水玉模様で冷めてしまった

　気になってた人とデートすることになり、そこで初めて彼の私服を見たんですけど、シャツの襟の裏地が水玉模様でした。なぜだかよくわからないんですけど、それで一気に冷めてしまいました。私は細かいことを気にしすぎなんでしょうか？　光浦さんもそういうことってありますか？

（かなぶん・27歳会社員女）

結局「なんかやだ」なんです、小4のころから変わりません

うーん、アナタの気持ち、わからんでもありません。

ちょっと素敵な音声さんがいたんですよ。中肉中背、どちらかといえばぽっちゃりかな。しゃべっているところを見たことない、いつも黙々と仕事をしている方です。そんな静かな彼が、本番中、芸人さんがボケたりすると、くくくっと楽しそうに笑うんですよ。思わず笑っちゃった、みたいに。ロケなどしてると、その笑い声が「正しい方向行ってますよ」「間違った方向行ってますよ」と指針のようになるんです。たまにテンパった制作スタッフに演者が放置され、居場所もなくただ立っていると、「おい」と最小限の言葉で制作スタッフに注意してくれたりします。最高じゃないですか。好きになるでしょう?

たいていのスタジオの前には、ちょっとした飲み物やお菓子が「皆さんご自由に」と置いてあります。休憩時間、私がそこでお茶を飲んでいると、その音声さんがやってきました。彼は何をつまもうか悩んでいるようでした。大皿には小袋に入ったサラダせんべい、小枝チョコ、カントリーマーム、のど飴、いろいろなお菓子があり、その横には、誰かの差し入れでしょう、アラレのいっぱい入った缶がありました。

しばらく眺めたあと、彼はゆっくり缶に手を伸ばし、ゆっくりアラレを4～5粒つかむと、

すごい速さで口に放り込みました。ビュッと。カメレオンが舌で蝿を捕まえて口に入れる速さです。アラレをつかむまでが、彼の物静かなキャラクターに合ったゆったりした動きだったせいで、口に入れるスピードが際立って、際立って。ビュッですよ。「静」「静」「静」ときて「動」ですよ。

それがどうした？　なんですが、なんか好きじゃなくなってしまいました。ま、誰にも好きだとも言ってないので、私の心の中だけで起きた出来事なんでね、別にね。永遠の小4女子なんですよ。小4女子って「だから男子って嫌い」とよく言うでしょう？　でも、「だから」の部分を聞いても「だから何？」って聞き返すような、確固たる理由はないんですね。「なんかやだ」なんですね。でも「なんかやだ」は心を大きく占めてしまうんですね。

アナタも永遠の小4だと思って諦めてください。ただ、こういうことは人には言わないほうがいいですよ。すぐに「お前何様だよ！」と、人が心に思ったことにすらクレームをつけてくる、おかしな輩が世間には大勢いますから。

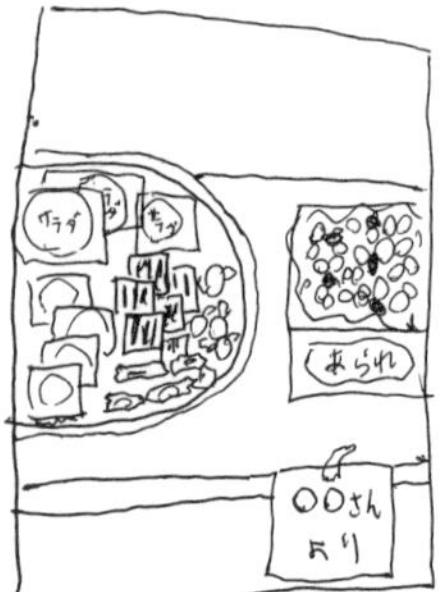

「〇〇ハラ」が多すぎておっさん的に生きづらい

書類をめくったりするときに、指をペロッと舐める人いますよね？　自分がまさにそれで、先日会社の若手にすごい嫌そうな顔をされてしまいました。調べてみたら「舐めハラ」っていうみたいですね。それにしても、最近〇〇ハラが多すぎませんか？　おっさん的には生きづらいです。

（ブラックタイガー・47歳会社員男）

咳やくしゃみをするときおっさんはちょっと考えてみてください

「○○ハラ」多いです。なんでもかんでも感は確かにあります。確かに、おっさんに多いと思います。かわいそうだと思う反面、今までおっさんの天下すぎなかったか、なんて思ったりもしてます。

おっさんは、咳とくしゃみがデカすぎます。新幹線に乗っていると、おっさんの咳やくしゃみで起こされること多々です。これが不思議なのは、うるさいのはおっさんだけなんですよね。女性、青年は小さいんですよ。なんででしょう？　男性はいつから咳とくしゃみがデカくなるんでしょう？　あれは必然なんでしょうか？　おっさんは、同じおっさんの咳とくしゃみをうるさいと感じないのでしょうか？

以前NHKでやっててびっくりしたんですが、赤ちゃんの夜泣き、男性って本当に女性ほど聞こえないんですってね。女性のほうが赤ちゃんの声に敏感なんですってね。「なんでパパは起きてくれないの？」が多くの家庭で起こるはずです。そのように、おっさんの耳はおっさんの咳とくしゃみだけが聞こえなくなる、とNHKが証明してくれたら、私はおっさんの咳とくしゃみに寛容になれるかもしれません。うるさいとは気づけないんだ、と思ったら、少しはね。

いや、わからん。寛容にはなれないかも……。熟睡中、どデカい咳やくしゃみで急に起こされると「爆弾か!?」って、びっくりするじゃないですか。で、音の出たほうを見ちゃうじゃないですか。すると、たいていがシートを思いっきり倒し、靴を脱ぎ、ネクタイを緩めたスーパーくつろいだおっさんなんですね。口にものが入っているのか、入っていないのかわかりませんが、もぐもぐしてるんですね。ありゃ、なんかを反芻してんのかな? 反芻してるんですよ。おっさんの周りには牧場すら見えますもん。一方の私は、爆弾が落ちたのかと思ったわけですよ。心臓がぎゅんとなったわけですよ。この景色の違いよ。牧場と戦場よ。これよ。腹が立つのは。

これだけ文句を垂れ流しましたが、私も「○○ハラ」が増え続けるのは、○○したら悪いやつ、罪人、みたいに取り締まるようなことは息苦しく嫌です。大事なのは「エチケット」ですよ。おフランス生まれの言葉、対面してる人を不快にさせないという心配り、あれよ。「あら素敵」。こう思われることって素晴らしくないですか? 二度と会わない赤の他人だからどうでもいい? いいえ、人類みな兄弟、家族、友達なんです! そう思ったら、世界がもう少し平和になるのではないでしょうか!!(演説風に)

2020

車の運転中に口が悪くなる人ってあり？

車を運転してるときにやたら口が悪くなる人ってＤＶの素質ありでしょうか？　最近知り合った男性がまさにそれで、ほかの車や通行者に対していつも暴言吐きまくり……。店員さんへの態度がひどい人なら私もかなり警戒しますが、別にそういうわけでもなく普段は温厚なので悩んでいます。

（ハイチュウ・32歳会社員女）

逆に私は運転中のいい人が、普段は前に出てくれません

運転しているときの人格って、その人の本質なんですかねぇ？　私は3年ほど前に免許を取りました。東京は怖くて、乗っていません。人生で3回、石垣島で乗っただけです。

免許を取るときに、性格判断みたいなテストを受けました。あなたは何か急なことが起こったとき慌ててしまいますか？　あなたは何か嫌なことをされたらすぐにカッとなりますか？的な。細かいことは覚えてませんが、いかに自分ができていない人間かを申告するものです。「大変思う」から「まったく思わない」の5段階だったと思います。

そういうときもあるけど、そうじゃないときもあるけど……悩んでしまいました。私は聖人君子でもないし、欠陥だらけの人間だしな。何も成していない、人からの信頼だって厚くない、中年の未熟者だ。正直に書きました。なんなら謙遜して書きました。結果は「こんな人は車に乗るな!!　5つのタイプ!!」の4つにはまっていました。ぎゃー。

これは注意勧告であって、免許が取れない、ということはありませんでしたが、謙遜して自分を低めに書いた者が戒められ、自信満々の自分を高く見積もっちゃう者が褒められるのは、おかしくね？　とは思いました。

石垣島で初めて車を運転しました。助手席には人（免許保持者）に乗ってもらいました。そのせいもあるっちゃあ、あるのですが、私は慌てることも、ビビることもありませんでした。湖のような静かな目をし、肩にカンムリワシが留まるほどの穏やかさでした。自分のことをよく知る私自身が驚きました。こんなに落ち着ける人間だったのか!!! と。

私の場合、車に乗るといい人格が出てきます。その人格は普段の生活ではなかなか前に出てきません。センターで頑張ってほしいのに、3列目の右端、そんな感じです。アナタの彼も、車に乗っているときの攻撃的な人格は、なかなか出てこないんじゃないですかね？

ただねぇ……昔から、車は女に、女は車にたとえられますからね。車をよく乗り替える男は浮気性だ、外車好きはモデル好きだ、とか。こんな夜にお前に乗れないなんて、なんてね。あ、RCサクセションの『雨あがりの夜空に』は、車にたとえて女を歌っている、と聞いていましたが、最近、本当に車の歌だとも聞きました。

アナタの彼は、きっと、夜の営みの最中に暴言キャラになると思います。そういうプレイを楽しめるのなら付き合えばよいと思います。まずは試乗!!

2020

悩 ステイホームで楽しく過ごすには？

　在宅ワークでずっと旦那と家にいる毎日なのですが、はっきり言って退屈です。マジですることがありません。夫婦喧嘩がないだけまだマシなのかもしれませんが、光浦さんはどうやってこのステイホームを過ごしていらっしゃいますか？　何か楽しく過ごせる方法がありましたら、ぜひ教えてください。

（ナチョス・38歳会社員女）

今の私は物置部屋で暮らす〝家なき子〟だけど毎日充実です

私、現在、妹家族の家に居候してるんですよ。

実は、4月からカナダに留学する予定だったんです。でも、コロナで中止になりまして。うちのマンションは2カ月以上前に退去申告しなきゃいけなくて、でも一度申告したらコロナでも取り消すことはできなくて、で、私は家なき子になりました。困っている私に、都内に住む妹家族が「とりあえずうちに泊まって、ゆっくり新居を探せば？」なんて優しいことを言ってくれたんです。

ここは一軒家です。将来子供部屋になる予定の、1階の物置部屋をあてがってくれました。布団1組と、キャンプで使うプラスチックの小さなちゃぶ台も1つくれました。緊急事態宣言で仕事なき子にもなった私は、一日の大半をこのちゃぶ台の前に正座して、英語の勉強と、書き物と、手芸をして過ごしています。妹家族はこの部屋を「寺子屋」と呼ぶようになりました。

妹夫婦はどちらも在宅ワークで、私が朝起きて2階のダイニングに行くと、すでに二人ともパソコンを開いて何やら会議的なことをしています。邪魔にならないように口パクで「おはよう」と言い、家主より遅く起きて体裁悪いな、なんて思いながら、人んちの台所を漁ります。

見つけたのが、袋の開いた食パンならいいですが、袋の開いていない、サラの食パンだったとき、悩みます。黙って開けていいものやら。

でもね、絶対「いいよ」って返事するのがわかってるのに、わざわざ「新しいの開けていい？」なんて質問するのは、逆に妹をケチ扱いしてるみたいになりません？　こっそりパンを焼こうとオーブンレンジに入れてボタンを押すんですが、最近のレンジはしゃべるんですね。バカみたいな大きな声で「トーストですね」って。レンジの声が会議に入ったらマズイからって、慌てていろんなボタン押してると「新じゃがを使った煮物料理をお教えしましょうか？　まずは……」って、作りたくもない料理の説明を始めるんです。ハキハキとした、優等生口調で。

わ、こういう人クラスにいたわぁ。転校生にやたら教える人。優しい通り越して大きなお世話な人。ま、私は転校生になったことがないんで、実際に大きなお世話と感じるかはわからないけど……なんて思い出に浸っていたら、背後から妹の手がすっと伸びてきて、ボタンをピッと押すと、レンジが黙りました。無言で妹に頭を下げました。

私はコーヒー飲みで、毎日でかいカップで4杯は飲んでいました。でもこの家にあるコーヒーマシンは、スジャータのミルクみたいな小さい容器に入ったコーヒーの粉を使うんですね。で、そいつが、1個100円近くするんですと。で、気取ってんのか、まあ少量しか絞り出さないんですね。足りない。私にはまったく足りないです。でも私は居候です。金出しゃあいいって問題じゃないんです。

だから、すげぇ家事をしています。掃除機かけ、便器磨き、洗濯、週4は晩ごはんを作っています。「こんなに役に立つんですからコーヒー2杯、いや3杯……あ、3は……ねえ？」と犬のように妹夫婦をチラチラ見ながら働きます。

ついでに、妹夫婦のお供でジョギングも始めました。青学の動的ストレッチも始めました。昼寝しなくなりました。持病の下痢がピタリと止まり、3・5kg太りました。Ｎｅｔｆｌｉｘに入りました。『スポンジ・ボブ』を観ていますが、4分の1しか英語が聞き取れません。ゲームしかしない甥っ子にブチ切れました。姪っ子を抱きしめようとしたらやんわり断られました。充実しております。正直、快適です。

居候してふた月が経とうとしております。いい加減、出ていかないといけません。

あとがき

2020年4月、紙の雑誌「TV Bros.」は定期刊行が終了となりました。随分前にデジタル放送になってテレビ画面にテレビ欄が映るようになり、テレビ雑誌の必要性がなくなったのに、それでも生き残っていたのに。現在ブロスはネットで生き残っています。私は続けております。家でできる仕事は助かりますからね。

2020年、こんな年になるなんて誰が想像したでしょう。コロナのせいで、私も留学する予定が飛んでしまいました。その話をちょろりと『ボクらの時代』でしたら、『徹子の部屋』のオファーが来ました。留学できなくなった話をしてください、と。

「アナタ、人生設計が狂ってしまったんですって？　うふふふふ」、徹子さんが笑ってくれました。徹子さんがした質問に答えてる最中に、徹子さんは次の質問を被せてきます。「え？　あ、もうそっち。そちらのほうはですね……」、次の質問に急いで答えようとしていると、「アナタ、人生設計が狂ってしまったんですってね。うふふふふ」とまた笑い出します。どうやら「人生設計が狂った」にハマってるみたいでした。

普通、そんなこと言われたら、腹の立つものです。でも徹子さんに言われれば言われるほど、笑い声を聞けば聞くほどうれしくなりました。楽しくなりました。天使の笑い声は、私の心をどんどん浄化してくれました。

『徹子の部屋』に出たら、今度は雑誌「文藝春秋」から原稿のオファーが来ました。留学を決心した理由を書いてくれ、と（この本に載っているものとはまったく違います）。編集の人がウェブにも載せたいと言うので、深く考えずオッケーしたら、バズりました。
おいおいおい。これは、わらしべ長者みたいじゃないか。「留学できませんでした成金」になれるんじゃねーか？　御殿が建てられるんじゃねーか？

そんなバカな話はなく、褒められたあとに、心配され、落ち着いたころに、やっぱりきました。お怒りの意見。いやいや、まったくの私事で、私が留学しようと思った理由ですから、納得できない！　共感できない！　と言われましても……。年齢も職業も今まで経た時間も違いますから……ね。表に出るって、こんなに大変だったのか。

大多数の人から見てどうでもいいお悩みを、それを知ってるから口に出せないお悩みを、ここの小さなコミューンで、大事に大事に、時には雑に、ボロクソに、いひひひひと小さな声で笑い合いながら、こねくり回して成仏させましょうよ、ということで『傷なめクラブ』となりました。お悩み相談を送ってくれた人に向けて、私だったらこうやって解決する……つもり……多分やらないけど……うん、やらないな、という答えを書いてきました。もしも普通のお悩み相談だと思ってこれを読んだ人は、怒るのかなぁ？　怒るよね？　怒るかぁ。ああ、どうしよう……なんか、不安になってきた。

そうだ！　この悩みを新聞のちゃんとしたお悩み相談に送ろう。

2020年12月

光浦靖子

光浦 靖子（みつうら・やすこ）

タレント。1971年生まれ、愛知県田原市出身。東京外国語大学在学中の1992年に、幼なじみの大久保佳代子と「オアシズ」を結成。1993年にフジテレビの深夜番組『とぶくすり』にナインティナイン、よゐこ、極楽とんぼとピンでレギュラー出演。それが1995年に『めちゃ²モテたいッ！』、1996年に『めちゃ²イケてるッ！』になってゴールデンタイムに進出する。2003年、雑誌「TV Bros.」で悩み相談『脈あり？脈なし？ 傷なめクラブ』を連載開始。読者から送られてくるどんな悩みに対しても、親身になって17年間答え続けている。当連載はこれまでに『傷なめクラブ』『お前より私のほうが繊細だぞ！』、そしてこの本の3冊が刊行されている。趣味は手芸。

Bros.books
傷なめクロニクル

第1刷　2020年12月9日

著　者	光浦靖子
発行者	田中賢一
発　行	株式会社東京ニュース通信社 〒104-8415　東京都中央区銀座7-16-3 電話　03-6367-8015
発　売	株式会社講談社 〒112-8001　東京都文京区音羽2-12-21 電話　03-5395-3608
装丁・本文デザイン	桐山奈美
編集担当	木下拓海
印刷・製本	株式会社シナノ

ISBN 978-4-06-522359-8